Prix : 1 fr. 50.

CHEZ TOUS LES LIBRAIRES

Envoi franco

Contre mandat-postal d'un franc cinquante adressé à M. A.-J. Venot, à Béthanie, commune de Chaingy (Loiret), près Orléans.

LE VRAI SAVOIR

Théoriciens de la Tradition

— ET LA THÉORIE DE LA LIBERTÉ —

PAR LE DOCTEUR

Augustin - Jean VENOT

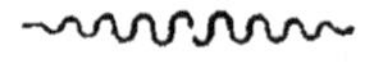

Prix : 1 fr. 50

CHEZ TOUS LES LIBRAIRES.

En la destinée humaine faut-il comprendre

LE VRAI SAVOIR

et, qui plus est,

LA LIBERTÉ?

PAR LE DOCTEUR

Augustin-Jean VIENOT

ORLÉANS

IMPRIMERIE ET LITHOGRAPHIE E. CHENU

—

1889.

Faut-il étendre la destinée humaine
à tout le mouvement en faveur des existences
à la pratique et à la théorie
aux exemples et aux préceptes
de *tradition?*

AVIS AU LECTEUR.

Ce petit in-8° est le livre des pères et mères de famille, attentifs à l'éducation et aux choses de la pédagogie, capables de réagir contre l'empire des préjugés et de l'erreur.

Il se recommandera de lui-même, d'un autre côté, l'auteur ose l'espérer, à tant d'honnêtes gens, jeunes et vieux, intéressés de toutes les manières à se reconnaître au milieu de la confusion. — Loin de quitter le sillon de l'entreprise utile et perfectible, en suivant pas à pas l'œuvre des artisans de la paix, en suivant fidèlement la pensée de leurs interprètes entendus durant le cours des siècles, tous les efforts ont été d'en arriver à un exposé simple, élémentaire et rapide en même temps du mouvement de la vie individuelle et générale qui se produit au jour de la lumière naturelle, tel qu'il est à la portée sinon à la connaissance de tous les esprits.

— Il s'agit en réalité d'une science cultivée jadis, mise en oubli depuis et rayée du tableau des sciences. C'est ce que Descartes explique vers la fin de la règle IVme pour la direction de l'esprit. « La science générale l'emporte de beaucoup, en facilité et en utilité sur toutes les autres sciences » qu'il nomme les sciences spéciales.

Même si de quelque manière la science générale — mathématique — n'est effectivement à la connaissance de chacun comme elle est à la portée de tous, il y a une lacune au lieu et place de la chose la mieux partagée, ainsi qu'il entend la raison ou le bon sens. Et, malgré les métamorphoses, le vrai savoir, le savoir mathématique, nous oblige à voir de nos yeux le manteau, la lanterne, le tonneau de Diogène..

AVANT-PROPOS.

Au milieu des ténèbres, restent invisibles les objets qui nous environnent ; mais en ouvrant les yeux à la lumière du jour, l'ensemble, la diversité, les objets, un à un, sont visibles à tous les yeux.

Ainsi tous les jours, dès qu'il est possible de regarder avec les yeux du corps, et de voir avec les yeux de l'esprit l'union de la terre, du ciel et des existences : — sont visibles aux yeux du corps, l'ensemble, la diversité, les objets un à un ; sont visibles aux yeux de l'esprit. la simultanéité, la succession des existences, et parmi, les existences individuelles et les objets qui s'y rapportent comme l'attribut au sujet.

Au jour de la lumière naturelle sont visibles à tous les yeux les existences comme elles se présentent dans le chemin de la vie ; sont visibles à tous les esprits, les existences comme elles naissent, se développent, multiplient en l'union de la terre du ciel et des règnes de la nature terrestre ; et cependant en présence des objets du monde visible et des existences dans le chemin de la vie, des hommes étrangers par la pensée aux choses de la réalité, restent dans la primitive impuissance. — A la lumière du jour, ils sont, comme au milieu des ténèbres, dans l'inconscience de l'union éventuelle du mouvement stable de la terre, tel qu'il se perpétue à la lumière du jour, et du mouvement de la vie qui se perpétue par la génération.

De ce point de départ, lors du premier révei de la pensée, dès les temps reculés de l'antiquité, on érige en méthode de mettre sur le second plan les connaissances sans rapport direct avec l'union de la terre, du ciel et des existences, comme la science de la constitution corporelle et de la vie du corps humain. — On met sur le premier plan les connaissances naturellement à la portée de tous les esprits. On réserve le premier rang à la connaissance des termes ou conditions du problème de la vie, dans la simultanéité et la succession des générations parmi les existences positives et végétales, parmi les existences relatives et sensibles, parmi les existences corrélatives et libres. Il faut qu'un retour vers les choses du passé ait remplacé par des ruines le corps central de l'édifice de la science ; il faut qu'une révolution scientifique ait détourné dès lors les esprits des choses du monde et des existences, visibles à tous les yeux et à tous les esprits.

Et perdant de vue les existences, perdant de vue les objets, comme ils sont visibles à tous les yeux et à tous les esprits, dans le rapport qu'ils ont avec les existences individuelles ; loin de la connaissance certaine et véritable, — il n'y avait plus qu'à regarder sans voir ou pour ne pas voir ; il n'y avait plus qu'à connaître pendant le jour comme au milieu des ténèbres.

Au lieu de fonder la connaissance sur la certitude et sur la vérité ; au lieu de regarder et de voir, il fallut croire. — De ce chef-d'œuvre, on a dit : C'est accoucher les esprits. — Il fallut croire aux idées sans rapport défini ni à définir parmi les existences ; il fallut revenir aux dieux de l'olympe ; il fallut croire aux fictions démoniques, héroïques ; aux choses de la mode et aux hommes en crédit. Le savoir fut de raisonner sur ce qui s'offre à la crédulité.

Dans de telles conditions, la révolution scientifique devait enfanter la dialectique. Elle préparait l'avènement de la logique et de la sophistique. Elle-même avait sophistiqué la politique et jusqu'à la pédagogie.

Dans les questions tusculanes, Cicéron parle de la révolution scientifique de l'antiquité. L'orateur romain n'a pu se garder d'admirer l'œuvre des Socratiques. Lui-même en donne franchement la raison, si l'on cite ces paroles de la fin du *de Oratore*. «Je puis penser autrement que vous sur certains points ; mes opinions peuvent même changer, et non-seulement sur l'éloquence qui a pour objet la faveur de la multitude et le plaisir de l'oreille, deux choses bien légères pour asseoir un jugement solide, mais dans les matières mêmes les plus importantes, je n'ai encore rien trouvé de certain, rien qui fixât mes idées ; je m'attache au vraisemblable, puisque la vérité se dérobe à nos yeux.» Pendant qu'ils perdaient de vue le mouvement de la vie individuelle et générale, en cherchant l'unité loin des conditions de l'union de la terre, du ciel et des existences,

IV

les Romains devaient rester étrangers à la connaissance certaine et véritable, qu'ailleurs, dès les premiers temps de Rome, on nommait mathémathique. — Aussi Cicéron parle en ces termes de la révolution socratique « Il me paraît, et c'est une opinion sur laquelle tout le monde convient assez, que Socrate est le premier qui retirant la philosophie de la recherche des secrets cachés de la nature, à quoi tout ce qu'il y avait eu de philosophes avant lui s'était uniquement attaché, l'avait ramenée et appliquée à ce qui touche les devoirs de la vie commune ; de sorte qu'il ne s'occupait qu'à examiner les vertus et les vices, et en quoi consistait le bien ou le mal, disant que ce qui regardait les astres était fort au-dessus de nos lumières, et que quand nous serions plus à portée que nous ne sommes de ces connaissances, elles ne pouvaient contribuer en rien à régler notre conduite. » 1er livre.

— Une question... — Deux, et plus... — Qui est-ce qui vient avant Socrate ? — Fénelon (1) cite: Thalès, Solon, Pittacus, Bias, Périandre, Chilon, Cléobule, Épiménide, Anacharsis, Pythagore, Héraclite, Anaxagoras, Démocrite, Empédocle, Socrate... — Et antérieurement... — Les héros, les oracles et avec eux les dieux de l'Olympe... — Avant. — La tradition.....

— La pratique des arts utiles d'abord, la théorie ensuite. L'ancienneté revient à la tradition.

---

(1) Biographie des plus illustres philosophes de l'antiquité.

LE VRAI SAVOIR

D'APRÈS LES

THÉORICIENS DE LA TRADITION

ET LA

THÉORIE DE LA LIBERTÉ.

————◦◦◦◦◦ ◦◦◦◦◦————

Le courage fait entreprendre, et, dit-on, l'audace fait réussir,

Pour dire vrai, semer, planter, ou de quelque manière faire œuvre au profit des existences, vaut mieux, mène bien plus loin.

On peut manquer d'audace, et cependant faire usage du don de l'intelligence.

Sans audace, et même aussi bien sans une certaine prudence, on peut user du don de l'intelligence au milieu du courant stable des existences corrélatives et libres, puisqu'elles gouvernent en vue des bienfaits de

2

la paix, puisque la portée de l'activité intelligente répond aux intentions généreuses de tous les amis de la vérité.

Devant tous les pas des humains, il y a richesses, trésors : et avec le courage d'entreprendre, avec le courage qui fait entreprendre en la portée corrélative et libre de l'intelligence, ils ont sous la main un trésor inépuisable... le trésor d'où se tirent les bienfaits de la paix.

Si on le perd de vue en suivant l'impulsion de l'être, selon qu'on obéit au sentiment intime, selon qu'il faut se rendre pour ainsi dire à l'entraînement vers l'objet du développement, vers l'objet de la multiplication, vers l'objet de la longévité ; avec le don de l'intelligence, il suffit de gouverner partout en faveur du sentiment des besoins de la vie et en même temps, en faveur du développement, de la multiplication, de la longévité ; il suffit de gouverner en un mot, pour avoir sous la main le trésor inépuisable, pour trouver à sa portée le trésor de l'amitié.

Toutefois avant que d'en venir à cette fin, avant que de prendre en main le gouvernement, un exercice de précision est de rigueur évidemment.

Ce point ne pouvait rester inaperçu dans tous les temps.

Loin de là. Loin de rester sans interprétation pratique ; bien loin d'être étranger au mouvement stable des activités intelligentes, ce point est de tradition.

Depuis les débuts, le tir de précision avec l'arme de l'intelligence est démontré par la tradition. Il est démontré dans toutes les proportions qu'il comporte, à la manière du sage de l'antiquité, qui marchait pour démontrer le mouvement.

Même il faut dire que tel qu'il est de tradition, le tir de précision avec l'arme de l'intelligence, vient se rapporter au centre du mouvement des autres existences.

Et comme parmi les existences positives que l'on nomme les plantes, il est en faveur de la naissance à la vie ; comme parmi les existences sensibles, il est en faveur de la naissance au sentiment des besoins de la la vie, — en ne s'écartant pas de l'objectif, ni du point central, avec une arme de qualité, le mouvement n'a pas lieu, ou bien il se produit en faveur de la naissance, du développement, de la multiplication, de la longévité.

Le mouvement traditionnel en faveur de la vie mérite l'attention de tous les esprits cultivés.

S'il faut se trouver dans les conditions de la portée de l'activité intelligente, avant que de l'interpréter dans les proportions de l'harmonie, sur lesquelles il se fonde, on comprend que pour l'étudier avec attention et à loisir, le mieux est d'être au repos du corps. On imagine bien la difficulté d'être en même temps au repos, et dans l'action qui définit au profit des existences et du même mouvement, la science de la nature, l'art de la vie et la liberté.

Par là s'explique, en partie, que dans tous les temps, ayant à naître tous les jours et à tous les instants à la liberté, ceux d'entre les humains qui pratiquent le tir de précision avec l'arme de l'intelligence, ont démontré le mouvement avant que d'être initiés, par le précepte au même degré que par l'exemple, aux proportions fondamentales de l'édifice de la tradition.

— On dira de ces vues, qu'elles s'éloignent de la lettre des traités. Ces vues, à la vérité, sont celles des premiers théoriciens. Elles sont tirées de la tradition et des théoriciens de la tradition. — Les œuvres d'Homère, d'Hésiode, et autres productions de l'esprit, imaginées d'après les événements, ne furent inconnues des premiers théoriciens, inventeurs des règles de l'arithmétique.

Mais ils abandonnèrent la voie tracée et les choses du passé, avec l'intention, supposons-le, de ne point rester plus longtemps étrangers par la pensée et la connaisance aux choses de la réalité ; dans le dessein de participer aux développements complémentaires en faveur du mouvement de la vie, selon qu'ils se rapportent aux existences, comme le complément vient se rapporter au sujet. — Avec la pensée d'ajouter le précepte à l'exemple donné par les représentants de la tradition, ils cherchèrent leur voie, ou mieux, ils cherchèrent à se reconnaître au milieu de la voie ouverte à la vie terrestre, en suivant la mesure des choses du monde et des existences, comme la tradition sait l'interpréter, comme elle sait juger, mesurer, calculer, en faveur des existences, en se réglant sur les conditions du mouvement stable de la vie, en suivant les proportions de l'harmonie naturelle.

Ayant devant les yeux l'ordre et l'harmonie des choses du monde et des choses existantes, ayant devant eux l'œuvre des artisans de la paix ; reconnaissant l'œuvre du perfectionnement à ce signe que la tradition ouvre la voie au milieu de laquelle de nouveaux horizons se présentent à chaque pas, où toujours il y aura de nouvelles vues à découvrir, — ils entreprirent de faire la théorie de la tradition, après avoir déterminé les proportions de l'harmonie sur lesquelles se fondent : 1° l'ordre et l'harmonie des sphères du monde ; 2° l'union de la terre, du ciel et des existences ; 3° l'œuvre complémentaire de tradition, en faveur du mouvement de la vie tel qu'il se perpétue par la génération.

Commençant par les choses de la connaissance avant que de chercher à se reconnaître au milieu des choses des sociétés, — de l'union des sphères du monde, ils tirent la proportion géométrique ; de l'union de la terre, du ciel et des existences, ils tirent la proportion décadique et mathématique, et la notion du nombre qui en dérive.

La surface de la terre est unie au rayon et et au centre de la sphère positive, comme au jour de la lumière naturelle elle est unie au rayonnement et au centre de la sphère universelle. Aux yeux des premiers théoriciens, le rayon est la mesure des sphères. La mesure de la sphère terrestre et de la sphère universelle est dans les rayons qui unissent le centre de la terre, le centre de l'univers et la surface de la terre. La mesure de la sphère terrestre et de la sphère universelle est dans les moyens qui unissent les deux extrêmes et le tiers-moyen, ainsi qu'on peut désigner la surface de l'hémisphère de la terre, successivement au jour de la lumière naturelle.

Ils posent que l'union du centre de la terre, du centre de la sphère universelle, de la surface de la terre, s'établit simultanément et successivement par l'intermédiaire des moyens qui unissent les deux extrêmes et le tiers-moyen *suivant la proportion géométrique.*

Eu égard à tout centre du mouvement des existences, considérant que dans le chemin de la vie il faut un commencement, un milieu et une fin: comme dans le cercle, il y a le centre, le rayon, et les points de la circonférence ; ils posent que le mouvement de la vie, tel qu'il se présente, tel qu'il se produit en l'union de la terre, du ciel et des existences, s'établit de lui-même, éventuellement ou au cours des éventualités naturelles, selon que les moyens unissent les trois extrêmes et le tiers-moyen *suivant la proportion décadique et mathématique.*

Concernant les existences dans le chemin de la vie, en leur propre mouvement dans la mesure de l'union de la terre, du ciel et des existences terrestres, — ils posent que les éléments..., que les objets du développement, de la multiplication, de la longévité, se rapportent au nombre naturellement défini suivant la proportion décadique et mathématique, et parmi le nombre, aux existences individuelles suivant la proportion arithmétique.

Interprétant la voie du perfectionnement, et en même temps l'œuvre des artisans de la paix, comme elle se produit en l'union de la terre, du ciel et des existences, — ils posent que, de tradition, les développements complémentaires en faveur du mouvement de la vie s'établissent comme ils se rapportent effectivement au nombre suivant la proportion décadique et mathématique, et parmi le nombre suivant la proportion arithmétique.

Ainsi, du premier pas, les théoriciens de la tradition partent de la proportion géométrique ; — ils entrent, du second, dans la proportion décadique et mathématique, embrassant de là l'universalité : l'union de la terre, du ciel et des existences ; le mouvement de la vie qui se perpétue par la génération ; le mouvement des sociétés humaines, tel qu'il se perpétue par la tradition ; le commencement, le milieu et la fin du chemin de la vie, de la naissance à la longévité.

Comme pour tout le monde, la destinée des plantes commence à partir de la naissance à la vie ; — comme pour tous, la destinée des existences sensibles commence, tous les jours, à partir de la naissance au sentiment des besoins de la vie ; — aux yeux des théoriciens de la tradition, la destinée de l'homme commence à partir du moment où il est capable de naître tous les jours et à tous les instants à la liberté ; la destinée des sociétés humaines commence à partir du moment où tout le mouvement en crédit définit, au profit des existences, la science de la nature, l'art de la vie et la liberté.

Aux mathématiques universelles, les théoriciens de la tradition rapportent le mouvement qui s'établit à la lumière du jour, sous la forme de la vie, sous la forme de l'être, sous la forme même de la connaissance que la tradition perpétue, selon qu'elle se rapporte aux existences dont la destinée est d'entrer éventuellement, et, de nécessité, du premier pas dans le mouvement stable suivant la proportion géométrique ; — du second, et d'elles-mêmes, dans le mouvement stable, ou qui se perpétue suivant la proportion décadique et mathématique.

C'est que sur la voie naturellement ouverte à la vie terrestre, nul ne peut y être établi, sinon suivant la proportion géométrique ; nul ne peut être en son propre mouvement dans le chemin de la vie, sinon suivant la proportion décadique.

C'est pourquoi, dans le dessein d'interpréter le mouvement de la vie comme il s'établit de lui-même à la lumière du jour, tel qu'il est à la portée, si non à la connaissance de tous les esprits, les premiers théoriciens fondèrent la science générale qu'ils désignèrent par le nom de Mathématiques universelles, attendu que mathématique signifie science. — Dans leur pensée, les mathématiques universelles s'étendent des conditions que la nature propose dans le flambeau de la vie transmis de génération en générations, telles qu'elles sont à la portée de tous les esprits, — aux conditions qui s'imposent à la surface de la terre, à celles qui s'y disposent à la lumière du jour dans la mesure de l'union de la terre, du ciel, et des existences; et depuis le mouvement de la vie qui se perpétue par la génération, jusqu'au mouvement qui définit au profit des existences la science de la nature, l'art de la vie et la liberté, tel qu'il est de tradition, ou transmis des ascendants aux descendants comme par une seconde génération.

Mais les choses de la terre ont leurs difficultés; chacun le sait; tout le monde est à même de juger ce qu'il en est.

Comme elles ont leurs conditions éventuelles, naturellement déterminées dans l'ordre et la mesure des sphères, les existences ont leur difficultés naturelles, et leurs difficultés accidentelles.

Pour tout le mouvement de la vie qui se perpétue par la génération, comme pour le mouvement de la vie que perpétue la tradition, — les ténèbres de la nuit sans rapport avec le mouvement stable des existences, étrangères à l'union de la terre, du ciel et des existences terrestres, sont des éventualités contraires et difficultés naturelles.

Des éventualités et dificultés accidentelles, ou des accidents, les uns tiennent directement à la constitution du flambeau de la vie transmis de génération en génération, les autres se produisent, à défaut de coordination, dans le chemin de la vie, comme à défaut de portée de l'ordre virtuel, (a), suivant la proportion géométrique, (b), suivant la proportion décadique et mathématique, (c), suivant la proportion arithmétique.

Et voilà l'inconvénient à signaler surtout aux esprits peu habitués à faire deux parts dans les choses, celle des choses illusoires et de l'imagination, celle des choses réelles du monde et des existences, — les premiers théoriciens s'obligent à tout définir proportionnellement, ou proportion par proportion.

Là n'est pas la moindre de toutes les difficultés, il faut bien le dire, vu que plus d'un
honnête homme avec la langue qu'il parle
comme tout le monde, plus d'un aujour-
d'hui même, hésiterait à suivre proportion
par proportion les conditions du mouvement
de la vie qu'il sait interpréter par la voie
du perfectionnement. Le jour où les amis de
la vérité, le jour où tous les artisans de la paix
en seront à dire : celà est géométrique, ceci
est décadique et mathématique, sachant se
reconnaître dans les paroles comme dans
l'action, sachant reconnaître partout la tradition, — les partis en présence pourront se
mesurer posement sans que le trouble inter-
vienne, parmi les esprits et dans tous les
rangs, pour quelques fleurs et des fruits
recherchés parce qu'ils sortent des Jardins
de l'Académie et du Lycée.

Les théoriciens de la tradition définissent
tout, proportion par proportion, en suivant
la progression naturelle, de la géométrique
à la mathématique, interprétant avec les

mathématiques universelles, interprétant les modes de l'ordre, de la mesure et de la loi de l'harmonie, en ayant devant les yeux 1° les rapports nécessaires qui dérivent de l'ordre positif et de la mesure du rayon de la terre, dans la statistique ; 2° les rapports nécessaires qui dérivent de l'ordre positif et de l'ordre universel, dans la mesure du rayon de la terre, et en la mesure de l'harmonie universelle, au cours du mouvement de la vie ; 3° les rapports nécessaires qui dérivent de la portée de l'ordre virtuel des existences individuelles dans le chemin de la vie, de la naissance à la longévité.

Au lieu de dire : semer, planter.... etc. simplement, avec tout le monde, les théoriciens disent *coordonner...* Si, par nature les existences sont en l'ordre virtuel ; si la nature ordonne les existences comme il faut le voir partout dans le flambeau de la vie, transmis de génération en génération ; — de nécessité, dès avant que de naître à la vie, les semences végétales et les plantes sont coordonnées suivant la proportion géométrique ou à coordonner en leur direction positive et dans la mesure du rayon de la terre. Si les existences relatives et sensibles naissent tous les jours au sentiment des besoins de la vie, c'est qu'en l'ordre virtuel que la nature propose dans le flambeau de la vie, elles sont d'ailleurs en leur propre mouvement, et, de nécessité, coordonnées suivant la proportion géométrique, en leur direction relative dans la mesure du rayon de la terre. — Si par le fait de l'initiation traditionnelle, les humains s'établissent en la portée corrélative de l'intelligence ; — dès avant que de naître tous les jours et à tous instants à la liberté, d'eux-mêmes ils se coordonnent suivant la proportion géométrique, en leur direction corrélative dans la mesure du rayon de la terre qui se rapporte au centre du mouvement des autres existences.

Jusque-là, disent les premiers théoriciens,

voilà ce qu'il en est des existences à la
surface habitable de la terre : établies en
leur direction dans la mesure du rayon de la
terre, — unies à la surface comme au centre
suivant le rayon, en rapport même avec les
deux extrêmes et le tiers-moyen par l'intermédiaire des moyens, le rayonnement terrestre et le rayonnement universel, suivant
la proportion géométrique, elles pourraient
rester indéfiniment comme des bornes iner-
tes. — Mais il y a le rôle de la lumière naturelle. Suivez la direction positive à la surface
de la terre : — la lumière naturelle y vient
établir le second lien proportionnel d'où
dépend le jeu positif des éléments dans les
milieux corporels. — Suivez la direction
relative : — la lumière naturelle vient établir le second lien proportionnel d'où dépend
le jeu du mouvement relatif des êtres ou
existences sensibles au milieu des objets du
monde visible en la loi de l'harmonie relative. — Suivez partout la direction corrélative du rayonnement terrestre et du rayonne-

ment universel : — la lumière naturelle vient établir le second lien proportionnel d'où dépend le jeu du mouvement de tradition, ou des représentants de la tradition, par rapport au centre du mouvement des autres existences au cours des développements complémentaires en faveur du mouvement de la vie, au cours de l'œuvre en faveur de l'union éventuelle du mouvement stable de la terre, et du mouvement stable de la vie, tel qu'il se perpétue par la génération.

D'ailleurs à la direction corrélative de la lumière naturelle et au second lien proportionnel établi par elle, s'adapte la règle du tir de précision avec l'arme de l'intelligence, qui prescrit de regarder de la naissance et en suivant, le développement, la multiplication, la longévité.

En outre, toute existence se trouve à sa manière, dans la position de la plante, en l'impossibilité de vivre de la vie qui lui est propre, autrement que dans la simultanéité et la succession du mouvement de la vie suivant la perpétuité de l'union de la terre, du ciel, et des existences. Au-delà du premier et du second lien proportionnel, au-delà de la naissance à la vie, la solution du problème de la vie positive de la plante est en l'incorporation positive des éléments du développement, de la multiplication, de la longévité, suivant la proportion arithmétique et dans les rapports nécessaires qui dérivent de la nature des choses du monde et des choses des existences, unies éventuellement, unies au cours des éventualités naturelles, par le second lien proportionnel, par le lien décadique suivant la proportion mathématique.

Au-delà du premier et du second lien proportionnel, au-delà de la naissance au sentiment des besoins de la vie, la solution du problème de la vie relative et instructive, ou de toute existence sensible, est tous les jours en l'incorporation relative de l'objet du développement, de l'objet de la multiplication, des objets de la longévité suivant la proportion arithmétique et dans les rapports nécessaires qui dérivent de la nature des choses du monde et des choses des existences, éventuellement unies, unies au cours des éventualités naturelles par le second lien proportionnel, par le lien décadique suivant la proportion mathématique.

Tous les jours et à tous les instants au-delà du premier et du second lien proportionnel, au-delà comme en deça de la naissance à la liberté, la solution du problème de la vie sociale, ou de la vie corrélative et libre, est en l'incorporation corrélative des objets du développement, des objets de la multiplication, des objets de la longévité, comme ils se rapportent au nombre, suivant la proportion mathématique et parmi le nombre au centre du mouvement des existences individuelles suivant la proportion arithmétique.

Du point de vue du lien proportionnel, il n'est pas impossible de reconnaître un à un les termes du problème, et de les suivre du commencement à la fin du chemin de la vie. Si les semences végétales et les plantes ont à s'établir suivant le second lien proportionnel avant que de naître à la vie ; si les êtres ont à s'établir suivant le second lien proportionnel en naissant au sentiment des besoins de la vie, — il n'est pas moins que les existences positives et les existences relatives, sont toujours dans l'éventuel, et comme en l'alternative d'entrer ou de ne pas entrer dans la simultanéité et la succession des existences unies-par lien décadique suivant la proportion mathématique.

Si la connaissance du second lien proportionnel, si la connaissance mathématique met les humains en possession du certain et de la vérité, eu égard à la naissance, au développement, à la multiplication et à la longévité, — ils ne restent pas moins dans l'alternative d'entrer ou de ne pas entrer dans le nombre des interprètes entendus des conditions éventuelles du mouvement de la vie qui se perpétue par la génération.

Dès-lors il y a à déterminer les termes du problème de la vie en suivant le second lien proportionnel, puisqu'il s'agit de la forme de la connaissance qui correspond aux conditions de la naissance, du développement, de la multiplication et de la longévité.

Comme les plantes au cours de la vie positive sont mises en possession de leur patrimoine en suivant le second lien proportionnel; comme les êtres au cours de la vie relative sont mis en possession de leur patrimoine en suivant le second lien proportionnel; avec le second lien proportionnel, avec la connaissance mathématique, il s'agit de sortir de l'ignorance, de l'inconscience; de s'éloigner des préjugés, de l'erreur, des illusions, des choses de l'imagination; de se garder de l'abîme de la perversité, en prenant possession du patrimoine de l'intelligence.

C'est donc, qu'avec la pensée du lien proportionnel, et en suivant la progression naturelle, de la proportion géométrique à la proportion mathématique... il n'est pas impossible de reconnaître un à un les termes ou conditions du problème, et de suivre du commencement à la fin le chemin de la vie.

Les semences végétales et les plantes non coordonnées en leur direction positive restent fatalement étrangères au mouvement de la vie qui se développe, multiplie, se perpétue par la génération suivant la proportion mathémathique : conséquemment avant que d'entrer dans le chemin de la vie positive, avant que de naître à la vie, les plantes ne peuvent en être à cette fin l'incorporation positive des éléments du développement, de la multiplication, de la longévité suivant la proportion arithmétique.

Les êtres ou existences sensibles, non coordonnées en leur direction relative, restent étrangers au mouvement de la vie relative qui se développe, multiplie, se perpétue par la génération suivant la proportion mathématique : Conséquemment, avant que d'entrer dans le chemin de la vie relative, les existences relatives et sensibles ne peuvent en être à la fin, l'incorporation relative de l'objet du développement, de l'objet de la multiplication, des objets de la longévité suivant la proportion arithmétique.

Tant qu'ils restent sans coordination en leur direction corrélative par rapport à tout centre du mouvement des existences individuelles, les êtres animés et intelligents sont étrangers par la pensée aux conditions du mouvement de la vie qui se développe, multiplie, se perpétue par la génération, — comme ils sont étrangers par l'action au mouvement de la vie que la tradition développe, multiplie, perpétue, suivant la proportion mathématique : Conséquemment le chemin de la vie corrélative n'ayant ni commencement, ni milieu déterminés dans la pensée, ne peut découvrir aux yeux du corps et aux yeux de l'esprit, cette fin de tous les jours et de tous les instants, l'incorporation corrélative des objets du développement, des objets de la multiplication, des objets de la longévité, suivant la proportion arithmétique.

On aperçoit comment les premiers théoriciens furent conduits à déterminer les termes du problème de la vie positive des plantes, en suivant la direction positive des représentants du règne végétal.

Ayant en vue la mesure du rayon de la terre, et les éventualités naturelles, annuelles, saisonnières, selon qu'elles correspondent au mouvement de la vie : ayant en vue le commencement, le milieu et la fin du chemin de la vie positive, ils cherchent, proportion par proportion, les termes du problème ou conditions de la vie végétale, parmi les plantes qui se perpétuent par la génération.

On aperçoit comment les premiers théoriciens furent conduits à déterminer les termes du problème de la vie relative des existences sensibles, en suivant la direction relative des représentants du règne animal: ayant en vue la mesure du rayon de la terre, et les éventualités naturelles, annuelles, saisonnières, diurnes, selon qu'elles correspondent au mouvement de la vie individuelle et générale, — ayant en vue le commencement, le milieu et la fin du chemin de la vie relative, ils cherchent proportion par proportion, les termes du problème ou conditions de la vie animale, parmi les êtres qui se perpétuent par la génération.

Et encore, comment ils furent conduits à déterminer les termes du problème de la vie corrélative, en suivant la direction corrélative des représentants de la tradition. Ayant en vue la mesure du rayon de la terre, suivant laquelle ils se rapportent au centre du mouvement des autres existences, et parallèlement à tout le mouvement de la vie qui se perpétue par la génération, au cours des éventualités naturelles, annuelles, saisonnières, diurnes: ayant en vue le commencement, le milieu et la fin du chemin de la vie corrélative et libre, — ils cherchent, proportion par proportion, les termes du problème ou conditions du mouvement que la tradition développe, multiplie, perpétue, selon qu'il définit au profit des existences, la science de la nature, l'art de la vie et de la liberté.

D'après les théoriciens de la tradition, les termes des problèmes de la vie sont à déterminer, en se représentant la direction positive, la direction relative, la direction corrélative de la surface de la sphère, et parallèlement le mouvement stable des existences positives, le mouvement stable des exitences relatives, le mouvement stable des existences corrélatives.

Dès les débuts, remarquent-ils, les problèmes de la vie sont interprétés d'une façon entendue par la tradition, dans les conditions de l'ordre virtuel des diverses existences et dans les rapports proportionnels que comportent la statique et le mouvement de la vie, de la naissance à la longévité.

La tradition ne pouvait d'ailleurs rester en défaut sur ce point, à moins que de ne pas faire acte d'apparition, dès l'origine, dans le tableau de la réalité. Une fois initiés aux conditions des choses du monde et des existences, n'ayant à compter que sur la portée corrélative et libre de l'activité intelligente, les hommes trouvent d'eux-mêmes la direction corrélative. Ils cherchent à s'établir suivant la proportion de l'harmonie, dans la mesure des autres existences.

Mais avant la tradition: avant tous les changements opérés par elle sur l'étendue de la surface habitable de la terre, avant l'œuvre traditionnelle, il faut se représenter par exemple, à défaut du rayon de la terre, ce qu'il en serait du premier lien proportionnel, ce qu'il en serait des choses de la terre dans la statique, à défaut de ce moyen, à défaut du rayon terrestre destiné à s'unir avec le rayonnement universel, comme à perpétuité le centre de la terre, le centre de la sphère universelle, la surface de la terre, sont unis par les moyens suivant la proportion géométrique.

Encore étant admis le rayonnement de la sphère terrestre et la statique, avant que d'interpréter l'œuvre traditionnelle en faveur des existences positives, en faveur des existences relatives et sensibles, il faut se représenter, par exemple, à défaut du rayonnement universel, ce qu'il en serait du second lien proportionnel : il faut se représenter ce qu'il en serait du mouvement stable qui se produit sous la forme de la vie, sous la forme de l'être, sous la forme de la connaissance suivant la proportion décadique et mathématique, à défaut de ce moyen, la lumière naturelle ; si pouvait s'éteindre cette lampe universelle...

Il faut, pour ainsi dire, imaginer le chaos dans les choses du monde et des existences et le voir dans les choses sans rapport avec les existences, étrangères à la direction comme à la mesure. Il faut l'imaginer au milieu des sociétés comme dans les choses de la connaissance, et le voir dans les nuages et les éléments de l'athmosphère sans coordination mesurée, ni mesurable naturellement, pour se représenter la tradition capable d'interpréter l'ordre et l'harmonie des choses du monde et des choses des existences, — capable de juger, de mesurer, d'agir de toutes les manières en tirant parti de la fécondité.

Initiée, de tradition, à la forme de la connaissance qui revient en définitive à la proportion mathématique, la pensée trouve le tour qui établit sa portée. Loin d'être coordonnée par les mots, la pensée coordonne elle-même les mots traditionnellement en usage, se représentant ce qui est l'ordre virtuel des existences, ce qui est l'ordre, la direction et la mesure, la proportion de l'harmonie : au cours du mouvement stable de

la terre, elle interprète le mouvement de
la vie, de la naissance à la longévité, dans
les moyens capables d'unir éventuellement,
ou au cours des éventualités naturelles,
les trois extrêmes et le tiers moyen, c'est-à-
dire le centre du mouvement de la vie, le
centre de la terre, le centre de la sphère
universelle, la surface habitable de la
terre.

Les mots important, mais les mots sont
à l'activité intelligente ce que la proportion
arithmétique est au mouvement de la vie.
Avec la tradition et les mots en usage, la
pensée interprète l'ordre virtuel des existences et la proportion de l'harmonie en
suivant la progression naturelle, de l'ordre
virtuel des existences à l'ordre positif, — de
l'un et l'autre à l'ordre universel, de l'ordre
universel au centre du mouvement de la
vie.

Dès le début, la tradition a fixé son orientation, dans ce dernier point, loin de

chercher le point d'appui, comme plus tard la légende et l'histoire. en rapporteront l'idée au savant Archimède.

Revenir au point de départ de la tradition, revenir au savoir des premiers théoriciens, si c'est en être aux mathématiques universelles, c'est aussi concevoir d'après ces grands esprits, que le savoir qu'ils mettent au premier rang, est à la portée, et, pour être à la connaissance de tous les esprits.

En présence du mouvement de la vie positive et des opérations de la nature vivante, en présence du mouvement de la vie relative des existences sensibles, en présence des développements complémentaires en faveur du mouvement de la vie, les grands esprits de l'antiquité regardent tout du même œil que de nos jours, devant les mélanges, le chimiste habile à prévoir les actions et les réactions ; avec la complaisance du physicien attentif au moment de l'étincelle électrique, et à l'effet d'où résultent les nouveaux composés. Les théoriciens de la tradition se complaisent à suivre les effets de la lumière naturelle, selon qu'elle illumine notre hémisphère, anime les plantes, éclaire les êtres, et aussi selon que les effets de la lumière naturelle sont la lumière même de l'intelligence.

Les théoriciens de l'antiquité se complaisent à suivre les effets de la lumière naturelle dans la simultanéité et la succession du mouvement qui se perpétue sous les formes de la vie : sous la forme de l'être, sous la forme de la connaissance, avec la pensée de déterminer un à un les termes du problème, et de fonder les mathématiques universelles, c'est-à-dire, la science de l'union de la terre, du ciel et des existences terrestres.

Deux circonstances sont à signaler ici concernant les théoriciens de la tradition. C'est d'abord la même pensée, le même but dans les temps modernes et dans l'antiquité. Et en second lieu, c'est la même conviction

touchant la connaissance certaine et véritable. Elle ne peut être puisée dans les livres.
Il s'agit de la tirer directement du livre de
la nature cosmique et vivante. Elle est transmise, elle est à transmettre des ascendants
aux descendants, comme par une seconde
génération. Sans le prendre ailleurs, le tracé
fidèle de la pensée de tous les théoriciens
de la tradition se trouve dans les œuvres
posthumes de Descartes :

« L'être pensant recherche la vérité par la
lumière naturelle, qui à elle seule et sans le
secours de la religion ni de la philosophie,
détermine les opinions que doit avoir un
honnête homme sur toutes les choses qui
font l'objet de ses pensées et pénètre les
secrets des sciences les plus curieuses. »

« Il n'est pas nécessaire que l'honnête
homme ait lu tous les livres, ni qu'il ait
appris avec soin tout ce qu'on enseigne dans
les écoles, bien plus ce serait un vice de son
éducation s'il avait consacré trop de temps

aux lettres. Il a bien d'autres choses à faire
dans la vie, s'il veut en consacrer la plus
grande partie à de belles actions que sa
raison devrait lui conseiller s'il n'écoutait les
leçons que d'elle seule. Mais il vient ignorant
au monde, n'ayant d'autre appui que la
faiblesse de ses sens et l'autorité de ses
maîtres ; il est presque impossible que son
imagination ne soit remplie d'une infinité de
pensées fausses avant que la raison puisse
prendre empire sur elle ; tellement que par
la suite, il a besoin d'un bon naturel, ou de
fréquentes leçons d'un homme sage, tant
pour se délivrer des fausses doctrines qui se
sont emparées de son esprit, que pour
trouver la voie par laquelle il parviendra à
donner une solide base à ses connaissances.»

Chose remarquable : le but de tous les
théoriciens de la tradition est l'art de vivre,
de bien vivre, de vivre longtemps. Ils com-
mencèrent par s'élever jusqu'au sommet du
savoir, et c'est pour en descendre les uns et
les autres, avec la crainte, si bien exprimée

par Descartes dans le discours sur la Méthode, « de pécher contre la loi qui nous
oblige, écrit-il, autant qu'il est en nous au
bien général de tous les hommes. » Il n'appartient à l'activité intelligente, de rester
dans une contemplation stérile devant le
tableau du monde et des existences, ni de se
circonscrire dans les choses de l'être individuel ; tel est l'avis unanime des théoriciens
de la tradition. Quand la pensée en est à
se fixer sur les divers objets qui, pris en
général reviennent à trois : les objets du développement, les objets de la multiplication, les
objets de la longévité: il faut bien apercevoir
qu'à le prendre à la lettre, le précepte de
Socrate (connais-toi toi-même), conduit en
quelque sorte les esprits à se renfermer dans
le cercle personnel. Il les éloigne de leur
portée corrélative. Il invite à perdre de vue
la simultanéité et la succession des choses du
monde et des existences, à délaisser la représentation qui est le propre de tous les esprits.
— Socrate met les choses de l'esprit au-

dessus des objets du monde visible, il est vrai ; mais c'est pour perdre de vue ce qu'il y a de connaissable et d'intelligible parmi tous les objets, c'est-à-dire le rapport qu'ils ont avec le centre du mouvement des existences et partout, avec le développement, la multiplication, la longévité.

Néanmoins, depuis Socrate les hommes ne sont à vrai dire dépourvus tous d'un bon naturel, beaucoup reçoivent une bonne éducation, ils écoutent des leçons: que d'une manière ou de l'autre, ils en viennent à la raison efficace que donne la science même, il n'y manque rien, puisqu'il s'agit de tendre et d'en être au pouvoir qui vient s'unir au vrai savoir.

Le problème est d'avoir en vue les existences et les rapports proportionnels définis et à définir dans la simultanéité et la succession, au cours du mouvement traditionnel, au cours des développements complémentaires en faveur du mouvement de la vie.

Sans ajouter des vues nouvelles, ni les effets de connaissances spéciales, il n'est jamais impossible de se départir, à l'occasion, de la primitive impuissance ; d'unir l'art de la vie à la science de la nature ; d'agir d'un même mouvement en faveur de la naissance, du développement, de la multiplication, de la longévité. — Toutefois, disons que sans regarder la fin du chemin de la vie parmi tous, ou sans se représenter la fin et les moyens, il faut accepter d'être privé soi-même de cette défense souveraine la liberté.

— « L'homme naît libre. » (1)

— Sans doute, s'il en est à la précision du tir avec l'arme de l'intelligence, en tenant compte de ce qui se rapporte complémentairement à la naissance, au développement, à la multiplication, à la longévité.

— Il y a « *les libertés nécessaires à l'ordre.* »

— Sans imaginer rien.....

(1) Jules SIMON. La Liberté politique (page 1).

— Je défends pour ma part d'ajouter touchant les libertés... à moins que d'imaginer...

— Sans inventer rien.....

— Encore faut-il une doctrine...

— Hé! la doctrine des libertés nécessaires.

Revenons aux Théoriciens de la tradition et à la Théorie de la liberté.

Avec les signes numériques tels qu'ils sont à la connaissance de la plupart des esprits, il est possible d'imaginer, de figurer par les signes parlés, par les signes écrits tout nombre abstrait, selon la même mesure, disent les premiers théoriciens, en prenant cette mesure invariable l'unité.

Avec les mêmes signes numériques connus de tous, ou à la portée de tous les esprits, il est possible de juger avec précision, de mesurer toute quantité, de mesurer la pesanteur, l'étendue, les surfaces etc, par le moyen ou par l'artifice d'une mesure arbitraire, ou de convention en rapport avec la chose mesurable; de toute manière il est possible de juger, de mesurer, de baser la numération parlée, écrite, sur l'unité de mesure.

Mais à la surface de la terre comme elle se présente au jour, la lumière naturelle, l'unité, coordonnée en l'ordre de l'unité, c'est-à-dire en l'union des deux extrêmes et du tiers-moyen par l'intermédiaire des moyens suivant la proportion géométrique.

= 6.

Considérant les hôtes de la terre en avant de ce lien proportionnel, à même de suivre le mouvement de la vie individuelle et générale qui se produit en l'union de la terre, du ciel et des règnes de la nature terrestre ; et parmi, considérant les plantes établies dans le chemin de la vie, entrant d'elles-mêmes en possession de leur patrimoine suivant la proportion arithmétique : eu égard à la perpétuité des choses du monde et des choses des existences positives ; — eu égard à la détermination des termes du problème, si l'on veut juger, mesurer, figurer les plantes dans le chemin de la vie, n'est-il pas évident que la mesure n'est autre que le nombre défini simultanément au cours des éventualités naturelles, saisonnières... et le nombre à définir successivement dans le mouvement stable de la vie positive, tel qu'il se perpétue par la génération.

De tradition, les agriculteurs n'ont-ils à considérer, — ne considèrent-ils le tableau de la vie végétale comme il se présente, ayant devant les yeux cette mesure, le nombre défini simultanément, et à définir successivement dans le mouvement de la vie positive qui se perpétue par la génération, du moment que d'avance ils se représentent la fin : les moissons, les vendanges, l'abondance des fruits de la terre, — tout le temps qu'ils suivent les règles du labour pendant qu'ils observent les règles de la coordination ?

De même et de tradition, les agriculteurs n'ont-ils à considérer, ne considérent-ils la vie végétale, comme elle naît croît, multiplie, se perpétue, du moment qu'ils sèment en saisons et en temps, — réfléchissant le cours des éventualités annuelles, saisonnières, etc, l'unité, l'ordre de l'unité, et le nombre : les trois extrêmes et le tiers-moyen, simultanément unis par les moyens, et successivement dans la mesure de l'unité ?

Donc, à côté des nombres abstraits dont la mesure est l'unité ; — à côté des nombres concrets dont la mesure arbitraire ou de convention est l'unité de mesure, il y a d'après les premiers théoriciens, le nombre simultanément défini sous la diversité des formes de la vie dans la mesure de l'unité, et le nombre à définir successivement en l'unité et en l'ordre de l'unité.

A la surface de la terre comme elle se présente au jour de la lumière naturelle, en l'union des deux extrêmes et du tiers-moyen par l'intermédiaire des moyens suivant la proportion géométrique : — = 6, parmi les hôtes de la terre capables de s'avancer au-delà de ce lien proportionnel jusqu'à suivre le mouvement de la vie individuelle et générale qui se produit en l'union de la terre, du ciel et des règnes de la nature terrestre : — considérant les êtres animés établis dans le chemin de la vie relative, entrant d'eux-mêmes en possession de leur patrimoine suivant la proportion arithmétique, — eu égard à la perpétuité des choses du monde, et des choses des existences ; — eu égard à la détermination des termes du problème, si l'on veut juger, mesurer, figurer par les signes parlés, ou écrits, les êtres animés dans le chemin de la vie relative, — n'est-il pas évident que la mesure n'est autre que le nombre défini simultanément au cours des éventualités naturelles, diurnes, saisonnières, etc,, et les nombres à définir successivement dans le mouvement stable de la vie relative tel qu'il se perpétue par la génération.

De tradition, n'y a-t-il pas à considérer avec tout le monde, le tableau de la vie animale, comme il se présente aux yeux, dans cette mesure le nombre défini simultanément dans le mouvement de la vie relative, tel qu'il se perpétue par la génération ? —

De même et de tradition, n'y a-t-il à considérer avec tout le monde, le nombre, comme il naît tous les jours au sentiment des besoins de la vie en présence des objets du développement, des objets de la multiplication, des objets de la longévité ; l'unité, l'ordre de l'unité et le nombre ; les trois extrêmes et le tiers – moyen simultanément unis par les moyens, et successivement dans la mesure de l'unité ?

Il résulte que les théoriciens de la tradition se représentèrent parallèlement : (*a*) les nombres abstraits dont la mesure est l'unité ; (*b*) les nombres concrets dont la mesure arbitraire, et de convention, en rapport avec les quantités mesurables, est l'unité de mesure ; (*c*) le nombre simultanément défini sous la diversité des formes de l'être dans la mesure de l'unité ; et les nombres à définir successivement en l'unité et en l'ordre de l'unité.

A la surface de la terre comme elle se présente au jour de la lumière naturelle, c'est-à-dire en l'union des deux extrêmes et du tiers-moyen par l'intermédiaire des moyens, suivant la proportion géométrique. = 6, Considérant parmi les hôtes de la terre, les êtres animés et intelligents établis dans le chemin de la vie corrélative, entrant d'eux-mêmes en possession de leur patrimoine temporel suivant la proportion arithmétique, et s'aidant les uns les autres à charger leur fardeau, s'aidant les uns les autres suivant la proportion décadique, mathématique à entrer identiquement dans leur patrimoine, suivant la proportion arithmétique ; — eu égard à la perpétuité des choses du monde, des choses des existences, des choses de la tradition ; — eu égard à la détermination des termes du problème social, si l'on veut juger, mesurer, figurer par les signes parlés,

par les signes écrits, les êtres animés et intelligents dans le chemin de la vie corrélative
et libre, n'est-il pas évident que la mesure
n'est autre que le nombre défini simultanément au cours des éventualités naturelles, et
à définir successivement dans le mouvement
stable de la vie corrélative que la tradition
développe, multiplie, perpétue en faveur du
mouvement de la vie qui se perpétue par la
génération ?

De tradition, n'y a-t-il pas à suivre le tableau de l'existence humaine, comme elle se
présente à tous les yeux, en cette mesure, le
nombre simultanément dans le mouvement
traditionnel qui définit au profit des existences, la science de la nature, l'art de la vie
et la liberté, et dans le même temps comme
il s'établit traditionnellement au cours du
mouvement de la vie, tel qu'il se perpétue
par la génération ?

De même et de tradition, n'y a-t-il pas à
prendre pour mesure le nombre des êtres

animés et intelligents capables de naître tous les jours et à tous les instants à la liberté, pendant qu'ils rapportent les objets du développement, les objets de la multiplication, les objets de la longévité au centre du mouvement des existences individuelles; pendant qu'ils coordonnent les objets, les activités intelligentes, les calculs par rapport au nombre en l'unité et en l'ordre de l'unité, en faveur de l'union des trois extrêmes et du tiers-moyen par l'intermédiaire des moyens, et successivement dans la mesure de l'accord comme en la mesure de l'unité ?

Il résulte que les théoriciens de la tradition se représentèrent parallèlement au milieu des sociétés humaines, (a) le nombre défini sous la forme de la connaissance dans la mesure de l'accord comme en la mesure de l'unité, et les nombres à définir successivement en l'unité et en l'ordre de l'unité ; (b) le nombre carré, étranger au mouvement stable, tant sous la forme de l'existence sensible que sous la forme de la connaissance, étranger par la portée de l'intelligence au premier comme au second lien proportionnel; uni aux choses des existences par des calculs sans autre mesure que l'unité de mesure; par des intérêts fondés sur la lettre de contrat sans réciprocité, gravés sur des tablettes et sur des colonnes.

Du carré des existences établies dans les mesures du rayon de la terre ou du carré de l'hypothénuse, et du carré des objets de développement, de la longévité... dérivent le pair et le nombre carré, mais la solution du problème étant toujours l'incertain, le pair ou l'impair : l'union du nombre carré est de rigueur, de nécessité même, en vue du problème de la vie, — bien que la division soit fatale dès qu'il s'agit de la solution.

« Juger c'est mesurer ; pour mesurer il faut une mesure ». Il faut une mesure pour mesurer les choses sensibles, il faut une mesure pour mesurer les choses intelligibles. — « Dans les choses sensibles, il y a trois genres : la pesanteur, l'étendue continue, l'étendue discrète. — La mesure du premier genre est la balance, les poids ; — la mesure du deuxième genre, le pied, la règle, l'équerre ; — la mesure du troisième genre, le nombre. » Dans les choses intelligibles comme elles naissent, se développent, multiplient, se perpétuent, selon qu'elles sont accessibles et connaissables dans le nombre sous la diversité des formes de la vie, sous la diversité des formes de l'être, sous la forme même de la connaissance, la mesure est le lien proportionnel, éventuellement défini dans l'union de la terre, du ciel et des existences, c'est-à-dire simultanément et successivement, la mesure de l'unité suivant le lien proportionnel décadique et mathématique.

Lés humains sont eux-mêmes les artisans de leur malheur. Infortunés ! Ils ne savent pas regarder les biens qui sont devant eux. Ils ont des yeux pour ne pas voir sous leurs mains le trésor inépuisable de l'amitié ; ils ont les yeux du corps et les yeux de l'esprit pour ne pas voir à leur portée les bienfaits de la paix ; leurs oreilles se ferment à la vérité qui leur parle. Combien peu connaissent les vrais remèdes de leur maux. C'est ainsi que la destinée blesse l'entendement humain. — .Semblables à des cylindres fragiles, .ils roulent çà et là, se heurtent et se brisent les uns contre les autres.

Cependant les mêmes rayons du soleil qui illuminent à perpétuité la surface de la terre suivant la proportion géométrique, établissent le second lien proportionnel destiné à animer les plantes, destiné à éclairer les existences sensibles, destiné à être la lumière même des intelligences; de telle sorte que, selon la portée de la virtualité que la nature propose, et dans les rapports nécessaires qui dérivent de la nature des choses, les hôtes de la terre n'ont plus qu'à prendre possession de leur patrimoine comme il se rapporte au nombre suivant la proportion décadique et mathématique, et, parmi le nombre, comme il se rapporte au centre du mouvement des existences individuelles suivant la proportion arithmétique.

Pendant que dans la mesure de l'union de la terre, du ciel et des règnes de la nature terrestre, les rayons du soleil illuminent la surface d'une hémisphère suivant la proportion géométrique, — ils animent les semences végétales et les plantes, selon qu'elles se trouvent en la portée positive et spontanée de l'ordre virtuel, c'est-à-dire éventuellement dans la mesure de l'union de la terre, du ciel et des existences suivant la proportion décadique, et les éléments du développement, de la multiplication, de la longévité entrent, dans le mouvement de la vie positive suivant la proportion arithmétique et dans les rapports nécessaires qui dérivent de la portée de l'ordre virtuel individuel.

Les éléments entrent dans le mouvement de la vie selon l'incorporation positive naturellement subordonnée à la coordination des élus de la vie végétale en leur direction positive dans la mesure du rayon de la terre, à la coordination simultanée et successive du nombre, comme il s'établit au cours des éventualités saisonnières à partir de la naissance à la vie, dans la mesure du rayon de la terre, dans la mesure du rayonnement universel, dans la mesure du milieu corporel, — c'est-à-dire en la mesure de l'unité, — dans la mesure de l'union des trois extrêmes et du tiers-moyen par l'intermédiaire des moyens — de la naissance à la vie jusqu'à la longévité. De là vient que la proportion décadique est mathématique eu égard au nombre, eu égard au mouvement de la vie positive qui se perpétue par la génération.—

Les rayons du soleil éclairent les existences relatives et sensibles, selon qu'elles se trouvent en la portée relative et instinctive de l'ordre virtuel dans la mesure de l'union de la terre, du ciel et des existences suivant le lien proportionnel décadique ; et les objets

du développement, les objets de la multiplication, les objets de la longévité entrent dans
le mouvement de la vie relative suivant la
proportion arithmétique et dans les rapports
nécessaires qui dérivent de l'ordre virtuel
individuel.

Les objets des milieux relatifs entrent dans
le mouvement de la vie, selon l'incorporation
relative naturellement subordonnée à la
coordination des existences sensibles en leur
direction relative dans la mesure du rayon de
la terre, à la coordination simultanée et successive du nombre, comme il s'établit à
partir de la naissance au sentiment des besoins de la vie, dans la mesure du rayon de la
terre, dans la mesure du rayonnement universel, dans la mesure des milieux relatifs
individuels, c'est-à-dire en la mesure de l'u-
nité: dans la mesure de l'union des trois
extrêmes et du tiers-moyen par l'intermédiaire des moyens. De là vient, eu égard au
nombre, eu égard au mouvement de la vie
relative qui se perpétue par la génération,

que le lien proportionnel est décadique et mathématique, étant admis que mathématique signifie science.

L'éclat et les effets des rayons du soleil sont la lumière des intelligences, selon qu'en la portée corrélative et libre, elles sont attentives à la mesure de l'union de la terre, du ciel et des existences ; et les objets des milieux corrélatifs entrent dans le mouvement de la vie sociale, en raison de l'incorporation corrélative des objets du développement, des objets de la multiplication, des objets de la longévité par rapport au centre du mouvement des existences individuelles ; en raison de l'incorporation corrélative subordonnée à la pensée de la coordination des existences en leur direction dans la mesure du rayon de la terre, et de la coordination simultanée et successive du nombre dans la mesure du rayon de la terre, dans la mesure du rayonnement universel, — et en la mesure du milieu social, c'est-à-dire dans la mesure de l'accord comme en la mesure de l'unité, suivant la proportion décadique et mathématique qui se rapporte au nombre, — et suivant la proportion arithmétique qui, parmi le nombre, se rapporte au centre du mouvement des existences individuelles.

Si la géométrie et l'arithmétique rentraient dans l'enseignement des premiers théoriciens comme l'avant-propos destiné à préparer les esprits avant toute initiation à la sagesse, le rôle des mathématiques universelles était l'initiation des disciples des théoriciens de la tradition à la connaissance, comme à l'interprétation entendue de la justice distributive dans la création.

Pendant que les rayons du soleil illuminent la surface de la terre habitable, les plantes qu'ils animent, entrant simultanément et successivement dans le nombre au cours des éventualités naturelles, — sont assurées du pain du développement, de la multiplication, de la longévité ; — puisque, sauf éventualités accidentélles, contraires au mouvement de la vie, l'incorporation positive des éléments a lieu du commencement à la fin, de la naissance à la longévité, suivant la proportion arithmétique et dans les rapports nécessaires qui dérivent de la portée positive et spontanée de l'ordre virtuel des existences individuelles. — Ainsi au cours des générations.

Pendant que les rayons du soleil illuminent la surface de la terre habitable, les existences relatives et sensibles qu'ils éclairent, — entrant simultanément et successivement dans le nombre au cours des éventualités naturelles, sont assurées du pain du développement, du pain de la multiplication, du pain de la longévité, en y mettant d'elles-mêmes le mouvement relatif; — puisque, sauf éventualités contraires au mouvement de la vie, l'incorporation relative, du pain du développement, du pain de la multiplication, du pain de la longévité, a lieu du commencement à la fin du chemin de la vie relative, à partir de la naissance au sentiment des besoins de la vie, et tous les jours jusqu'à la longévité suivant la proportion arithmétique et dans les rapports nécessaires qui dérivent de la portée instinctive et relative de l'ordre virtuel des existences individuelles. — Et ainsi au cours des générations.

Pendant que les rayons du soleil illuminent la surface de la terre, et au cours des éventualités naturelles, pendant que les effets se rapportent à tout centre du mouvement de la vie, c'est-à-dire simultanément et successivement au nombre, — les représentants de la tradition, ayant devant les yeux cette lumière de l'intelligence, (le nombre) sont assurés du pain de l'esprit, partout en faveur de la naissance, du développement, de la longévité ; — puisque sauf éventualités accidentelles, contraires au mouvement de la vie, les développements complémentaires ont lieu en même temps que l'incorporation corrélative des objets du développement, des objets de la multiplication, des objets de la longévité suivant la propor-

tion arithmétique et dans les rapports nécessaires qui dérivent du centre du mouvement
des existences individuelles.

Telles sont les données d'après lesquelles
les théoriciens abordaient la politique, c'est-
à-dire la science même de l'homme.

Le précepte et l'exemple démontraient
qu'en ayant tous les jours devant les yeux,
le pain du développement, l'homme doit
savoir s'élever jusqu'au principe de la vérité,
et trouver en lui-même les avantages de la
tempérance.

L'âme de l'intempérant accepte à la fois le
faux et le vrai. Elle est incapable de rien
retenir ; et l'homme devient comme un
tonneau percé par sa mobile crédulité, non
moins que par une avidité insatiable.

Soit objet du développement, soit objet de
la multiplication, soit objet de la longévité,
et de même en présence des existences, il
appartient à l'homme de savoir que l'incorporation corrélative lui permet de trouver sous

sa main le trésor de l'amitié, que la coordination corrélative met à la portée de tous les bienfaits de la paix.

D'ailleurs concernant les objets de la multiplication, concernant les objets de la longévité, et de toute manière, l'occident n'a pas à se régler sur l'exemple de l'orient.

S'il veut s'éloigner des choses du passé; s'il veut les laisser tomber, les abandonner, selon qu'elles méritent d'autant moins le crédit des hommes, qu'elles les fixent dans le mal et le malheur; s'il veut laisser tomber dans l'oubli les choses du passé selon qu'elles détournent les humains du bien et du bonheur; —

Que l'occident se représente la suite des générations. Il viendra comparaître un jour devant la postérité. Pendant qu'il a devant lui la simultanéité et la succession des sociétés, qu'à l'occident appartienne d'ajouter le précepte à l'exemple de la tradition; qu'à nous théoriciens revienne l'entreprise de démontrer le nombre, dė le garantir, en rendant le pain de l'intelligence visible à ceux qui ont des yeux pour voir, en disant à ceux qui ont des oreilles pour entendre : voilà l'aliment impérissable comme l'intelligence elle-même.

En naissant à la vie, les semences végétales et les plantes capables d'y mettre leur spontanéité, trouvent à leur portée l'aliment de leur vertu positive ; en naissant au sentiment des besoins de la vie, les existences sensibles capables d'y mettre d'elles-mêmes le mouvement relatif, trouvent à leur portée l'aliment de leur vertu relative ; les humains capables d'entrer dans le mouvement qui définit au profit des existences la science de la nature, l'art de la vie et la liberté, trouvent à leur portée l'aliment de leur vertu corrélative ; Voilà ce qu'il faut répandre et démontrer, proportion par proportion, pendant que les représentants de la tradition naissent tous les jours et à tous les instants à la liberté.

L'union de la terre, du ciel et des existences terrestres ; — l'union éventuelle du mouvement de la terre et du mouvement stable de la vie est pour être visible à tous les esprits comme elle se produit d'Orient en Occident, pendant que les objets du monde sont successivement visibles à tous les yeux d'Occident en Orient.

Au cours des générations, d'entre les espèces végétales, les plantes établies dans le chemin de la vie sont en leur direction positive à la surface de la terre, et on peut dire avec certitude qu'elles sont préalablement coordonnées en l'union des deux extrêmes et du tiers-moyen, par l'intermédiaire des moyens *suivant la proportion géométrique* . . . . = 6

et, si l'on observe une à une les conditions du mouvement de la vie positive qui se perpétue par la génération, on peut dire avec une conviction fondée sur le certain et sur le vrai, qu'elles sont coordonnées dans la *mesure du rayon de la terre* . . . . = 1

dans la *mesure du rayonnement uni-*
versel . . . . = 1

et de part et d'autre dans le rapport défini
simultanément sur une hémisphère, et
successivement sur la surface entière de la
terre dans la mesure de l'unité, c'est-à-
dire *dans la mesure du milieu positif,*
corporel . . . . , = 1

et de la *portée positive et spontanée de*
l'ordre virtuel, au cours de l'incorpo-
ration positive du pain de la vie,
suivant la proportion arithmétique , = 1
—————

Ainsi que les plantes entrent dans le
nombre en l'unité et en l'ordre de l'unité
par séries simultanées et successives,
suivant la proportion décadique et
mathématique . . . . = 10
═════

Au cours des générations d'entre les
espèces animales, des êtres établis dans
le chemin de la vie en leur direction

relative, on peut dire avec certitude qu'ils sont coordonnés en l'union des deux extrêmes et du tiers-moyen par l'intermédiaire des moyens, c'est-à-dire en l'unité et en l'ordre de l'unité, *suivant la proportion géométrique* . . . . $= 6$

et, si l'on observe une à une les conditions du mouvement de la vie relative qui se perpétue par la génération, on peut dire avec une conviction fondée sur le certain et sur le vrai, que les existences relatives et sensibles sont coordonnées, dans la *mesure du rayon de la terre*, ... $= 1$

dans la *mesure du rayonnement universel*, ... $= 1$

et, de part et d'autre, dans le rapport simultanément défini sur un hémisphère, et successivement sur la surface entière de la terre, dans la mesure de l'unité, c'est-à-dire dans *la mesure des milieux relatifs* . . . . $= 1$

et de la portée relative et instinctive de

de l'ordre virtuel, au cours de l'incorporation du pain de l'être suivant la proportion arithmétique . . . . $= 1$
ainsi que les êtres entrent, par séries simultanées et successives, dans le nombre en l'unité et en l'ordre de l'unité *suivant la proportion décadique* . . . $= \overline{10}$
et mathématique.

Parmi les générations humaines, au cours du mouvement traditionnel qui, définit au profit des existences la science de la nature, l'art de la vie et la liberté, les humains initiés à l'art de vivre, sont en leur direction corrélative par rapport au centre du mouvement des autres existences. — A moins que de rester accidentellement dans l'impossibilité de naître à la liberté, — on peut le dire avec certitude, — ils sont attentifs à l'union coordonnée des deux extrêmes et du tiers-moyen par l'intermédiaire des moyens, c'est-à-dire à l'unité et à l'ordre de l'unité, suivant la proportion géométrique . . . . . . $= 6$

Et si l'on observe le milieu des sociétés, si l'on observe le mouvement de la
vie individuelle et générale que développe,
multiplie, perpétue la tradition, on peut
dire avec une conviction fondée sur le
certain et sur la vérité, qu'ils se représentent la coordination des existences
dans la *mesure du rayon de la terre,* . $=$ **1**
dans la *mesure du rayonnement universel* . . . . $=$ **1**

.... de part et d'autre, dans la mesure
de l'unité : c'est-à-dire dans la *mesure
des milieux individuels* . . . . . . $=$ **1**
et de la *portée de l'ordre virtuel,* au
*cours de l'incorporation du pain du
développement, du pain de la multiplication, du pain de la longévité* suivant la
proportion arithmétique. . . . . . $=$ **1**

ainsi que, par séries simultanées et
successives, les représentants de la
tradition entrent d'eux-mêmes, en la
portée de l'intelligence, dans le nombre

en l'unité et en l'ordre de l'unité suivant
la proportion décadique. . . . . . . = 10
et mathématique, à la quelle correspondent partout dans les règnes de la
vie terrestre, la naissance, le développement, la multiplication, la longévité,
dans la mesure de l'union de la terre, du
ciel et des existences, c'est-à-dire dans
la mesure de l'unité.

Avant l'incorporation positive du pain de
la vie comme elle a lieu suivant la proportion arithmétique, en la portée positive et spontanée de l'ordre virtuel ; avant le terme final
de la destinée des plantes ; avant la fin, il y
à les moyens ; il y a la coordination des trois
extrêmes et du tiers-moyen par l'intermédiaire des moyens comme les choses se produisent sur l'hémisphère de la terre au jour
de la lumière naturelle, c'est-à-dire simultanément et successivement sur la surface
entière de la terre habitable en l'ordre universel et dans la mesure de la nature.

Tant que les semences végétales et les

plantes restent unies uniquement à la surface et au centre de la terre par l'intermédiaire du rayon ; tant qu'elles restent éventuellement unies au centre de la sphère universelle comme au centre de la terre par l'intermédiaire du rayon terrestre et du rayonnement universel suivant la proportion géométrique, les plantes sont aussi étrangères
à la spontanéité vivante et à leur vertu positive, que naturellement privées du pain de la
vie.

Mais dans la simultanéité et la succession
des existences positives suivant la perpétuité de l'union de la terre, du ciel et des
existences terrestres, — la plante ou
semence végétale entre dans le nombre en
naissant à la vie, parce que préalablement
dans la mesure du rayon de la terre, en la
direction positive de l'union du centre de la
terre, du centre de l'univers et de la surface
de la terre ou du tiers-moyen par l'intermédiaire des moyens suivant la *proportion
géométrique* (6), elle se trouve éventuel-

lement, ou au cours des éventualités naturelles, dans la mesure de l'harmonie universelle, par la coordination éventuelle du
rayon de la terre (1), du rayonnement universel (1) dans la mesure de l'unité, selon
que dans la simultanéité et la succession des
existences positives, se trouvent établies la mesure du milieu corporel (1) et la portée positive et spontanée de l'ordre virtuel jusqu'à
l'incorporation positive du pain de la vie (1).
Avec la série décadique (10) des termes du
problème de la vie positive, ayant devant
elles le commencement, le milieu, et la fin
du chemin de la vie, ayant devant elles le
cours des éventualités naturelles, et avec la
naissance à la vie, le développement, la
multiplication, la longévité fondés sur la
mesure de l'unité suivant la proportion
décadique et mathématique ; de la naissance
à la longévité, les plantes se trouvent en leur
autonomie, dans les rapports nécessaires
qui dérivent de la portée positive et spontanée de l'ordre virtuel individuel.

Avant l'incorporation relative du pain de l'être, comme elle a lieu suivant la proportion arithmétique, en la portée relative et instinctive de l'ordre virtuel ; avant le terme final de la destinée de toute existence relative et sensible ; avant la fin, il y a les moyens, la coordination des trois extrêmes et du tiers-moyen par l'intermédiaire des moyens, comme les choses se produisent sur l'hémisphère de la terre au jour de la lumière naturelle, et successivement sur la surface entière de la terre habitable en l'ordre universel et dans la mesure de la nature.

Tant que les existences relatives et sensibles restent uniquement unies à la surface comme au centre de la terre par l'intermédiaire du rayon ; tant que éventuellement unies au centre de l'univers comme au centre de la terre par l'intermédiaire des moyens suivant la proportion géométrique, elles sont aussi étrangères à la portée de la spontanéité instinctive et à la vertu relative, que naturellement privées du pain de l'être ou de l'existence sensible. — Mais dans la simultanéité et la succession des existences relatives et sensibles suivant la perpétuité de l'union de la terre, du ciel, et des existences terrestres, les êtres entrent dans le nombre en naissant au sentiment des besoins de la vie, parce que préalablement dans la mesure du rayon de la terre, en leur direction relative par rapport à l'union du centre de la terre, du centre de l'univers et du tiers-moyen par l'intermédiaire des moyens suivant la proportion géométrique (6), ils se trouvent éventuellement, ou au cours des éventualités naturelles, dans la mesure de l'harmonie universelle, par la coordination éventuelle du rayon de la terre (1), du rayonnement universel (1), dans la mesure de l'unité, qui, dans la simultanéité et la succession des existences relatives et sensibles, établit la mesure des milieux relatifs (1) et la portée relative et instinctive de l'ordre virtuel jusqu'à l'incorporation relative du pain de l'être ou de la vie relative et sensible (1).

Ayant devant eu avec la série décadique des termes du problème, le commencement, le milieu et la fin du chemin de la vie relative; ayant tous les jours devant eux le cours des éventualités naturelles, et dans la mesure de l'unité suivant la proportion mathématique, la naissance au sentiment des besoins de la vie en présence du pain du développement, du pain de la multiplication, du pain de la longévité, les êtres se trouvent en leur autonomie, dans les rapports nécessaires qui dérivent de la portée relative et instinctive de l'ordre virtuel individuel.

— Avant l'incorporation corrélative du pain du développement, du pain de la multiplication, du pain de la longévité, comme elle a lieu par rapport au centre du mouvement des autres existences, suivant la proportion arithmétique; avant ce terme final de la destinée des élus de l'intelligence, avant la fin, il y a les moyens.

Qui veut la fin veut les moyens, et la coordination des moyens parmi les existences individuelles dans le cercle de la famille, et sur la voie ouverte à la vie corrélative et libre, par rapport au centre du mouvement des existences.

Tant que les humains restent uniquement unis à la surface et au centre de la terre par l'intermédiaire du rayon ; même éventuellement au centre de l'univers, et dans la mesure de l'union relative et coordonnée du pain du développement, du pain de la multiplication, du pain de la longévité en la loi de l'harmonie relative par rapport au centre du mouvement de l'existence relative et sensible, ils sont aussi loin de la représentation réfléchie qui leur est propre et de la vertu corrélative, que du pain de l'intelligence.

Au contraire, avec la représentation réfléchie : avec la réflexion des conditions de la simultanéité, de la succession, de la perpétuité des choses du monde, des choses des existences, des choses de la tradition, telles qu'elles se présentent à tous les esprits, il est possible aux humains d'unir l'art de la vie à la science de la nature et de naître à la liberté.

Ayant préalablement la pensée de la direction corrélative dans la mesure de l'union éventuelle des deux extrêmes et du tiers-moyen, par l'intermédiaire des moyens suivant la proportion géométrique (6), ils se trouvent en leur propre mouvement, tel qu'il est de tradition, en se représentant les existences et le cours des éventualités naturelles, et, parmi les existences, le commencement, le milieu et la fin du chemin de la vie, naturellement unis par la coordination éventuelle du rayon de la terre (1), du rayonnement universel (1) dans la mesure de l'unité selon que la mesure de l'universelle harmonie, le rayonnement universel, établit, dans la simultanéité et la succession des existences positives, relatives, corrélatives, la mesure des milieux de

la vie (4), et de la portée de l'ordre virtuel
jusqu'à l'incorporation positive, jusqu'à l'incorporation relative, jusqu'à l'incorporation
corrélative du pain de la vie suivant la proportion arithmétique (4), de telle manière que
de la connaissance de la série décadique des
termes du problème de la vie, et de la notion
du nombre, et, eu égard au nombre, avec la
pensée de la mesure de l'unité à laquelle se
rapportent partout suivant la proportion décadique et mathématique, la naissance, le développement, la multiplication, la longévité, il
appartient aux représentants de l'intelligence
de s'établir en leur autonomie, dans les rapports nécessaires qui dérivent de la portée
corrélative et libre de la pensée ; de participer aux développements complémentaires
qui se rapportent aux existences comme le
complément au sujet ; d'en être à l'interpré-
tion entendue......

A. des rapports nécessaires qui dérivent
de l'ordre positif des conditions de la statique
dans la mesure du rayon de la terre et des

développements de la sphère en la loi de l'harmonie positive;

B. des rapports nécessaires qui dérivent de l'ordre universel des conditions du mouvement de la vie, dans la mesure des deux sphères et des développements de la surface de la terre en la loi de l'harmonie par rapport à l'ordre virtuel des existences ;

C. des rapports nécessaires qui dérivent de l'ordre virtuel, des conditions des existences individuelles.

Les rapports nécessaires sont intelligibles et mesurables : *a*, suivant la proportion géométrique ; *b*, suivant la proportion arithmétiqe ; *c*, dans la décade, dans la série des termes du problème de la vie, et suivant la proportion mathématique.

Suivant la proportion géométrique, ils se rapportent à la loi de l'harmonie positive, au commencement du chemin de la vie et à la statique ;

Suivant la proportion arithmétique, ils se

rapportent à la loi de l'harmonie corrélative, et à la fin du chemin de la vie comme au commencement et au milieu dans la station et le mouvement.

Dans la série décadique des termes du problème de la vie, ils se rapportent au commencement, au milieu et à la fin du chemin de la vie ; à la mesure biométrique, à la mesure zoométrique, — comme à la mesure noométrique ou des activités intelligentes sortant de la primitive impuissance à l'exemple des représentants de la tradition. Suivant la proportion décadique et mathématique, ils se rapportent au nombre comme à la mesure de l'unité ; au commencement, au milieu et à la fin du chemin de la vie, dans la simultanéité et la succession au cours des générations ; au mouvement stable de la vie tel qu'il se produit et se perpétue en l'union de la terre, du ciel et des existences.

En considérant les conditions qui s'imposent aux existences à la surface habitable de la terre : l'ordre positif, et la mesure du rayon

de la terre et du développement en la loi de
l'harmonie positive ; les conditions qui s'y
disposent au jour de la lumière naturelle :
l'ordre universel, l'ordre positif, la mesure
du rayon terrestre, la mesure du rayonnement universel et des développements de la
surface de la terre en la loi de l'harmonie
corrélative par rapport à l'ordre virtuel des
existences ; les conditions d'ordre virtuel
que la nature propose dans le flambeau
de la vie parmi les plantes destinées à naître
à la vie, parmi les être destinés à naître tous
les jours au sentiment des besoins de la vie,
parmi les élus de l'intelligence destinés à
unir l'art de la vie et la science de la nature,
avant que de naître à la liberté, — on comprend les mathématiques universelles.

Avec les théoriciens de la tradition, il faut
se représenter la science de la nature, fondée
sur le certain naturellement accessible en
l'unité et en l'ordre de l'unité, — fondée sur
le certain et le vrai, naturellement accessibles
dans le nombre simultanément défini dans la

mesure de l'unité ; dans le nombre successivement à définir en l'unité et en l'ordre de l'unité.

Dans les symboles de la table de Pythagore:
l'unité, l'ordre de l'unité, le nombre, on voit
la surface de la science de la nature. On en
voit l'étendue dans la simultanéité et la succession des générations parmi le nombre au
cours de la vie positive, au cours de la vie
relative, au cours de la vie corrélative ou
sociale.

Dans la surface comme en l'étendue de la
science de la nature, on reconnait les mathématiques universelles, et qu'elles sont à la
portée, sinon à la connaissance de tous les
esprits.

Avec tous les théoriciens de la tradition,
il faut reconnaître que les profondeurs de
la science de la nature sont loin d'être à la
connaissance de tous les esprits, qu'elles sont
étrangères aux mathématiques universelles,
qu'elles rentrent dans les sciences spéciales.

A la règle IV pour la direction de l'esprit: « En réfléchissant attentivement à cela, je reconnus, écrit Descartes, qu'il y a une science générale de l'ordre et de la mesure, à laquelle se rapportent toutes les sciences spéciales, et même elle est désignée non sous un nom étranger, mais sous celui déjà usuel de mathématiques universelles. » Et on peut démontrer par la preuve, par l'exemple de la tradition, que la science générale l'emporte de beaucoup en utilité et en facilité sur les autres sciences, sur toutes les sciences spéciales qui s'y rapportent.

Dans les limites des mathématiques universelles, comme elles sont à la portée de tous, voilà ce qu'il en est de la science de la nature d'après les théoriciens de la tradition : la science de la nature est le commencement de la sagesse. Mais en toutes choses il faut considérer la fin. Le pilote ne perd jamais de vue le port où il doit faire aborder le vaisseau. Les artisans de la paix, tous les amis de la vérité regardent au-delà du com-

mencement du chemin de la vie corrélative
ou sociale, ayant en vue un certain but, un
certain objet, qui est comme l'art de vivre ;
et c'est ainsi, dit le célèbre pythagoricien
Architas de Tarente, c'est ainsi que je l'ap-
pelle, dans les deux directions pour lesquelles
l'homme est né. De la naissance à la longévité des sociétés ; dans le domaine de la
connaissance et des sciences, le commencement de la sagesse est la science de la nature ;
le milieu est la vie pratique ; la fin, la science
même, la forme mathématique de la connaissance, sur laquelle il est possible de fonder
l'union de l'art de la vie à la science de la
nature, et de naître à la liberté.

— Au cours des révolutions de la terre ;
au commencement, au milieu, à la fin du
jour ; — aux conditions que la nature propose, impose, dispose dans le nombre en
l'unité et en l'ordre de l'unité, — il n'y aura jamais rien à retrancher. Mais qui veut les moissons, les vendanges, l'abondance des fruits
de la terre : qui veut la fin veut les moyens.

Au cours des éventualités annuelles, saisonnières, diurnes ; au commencement, au milieu, à la fin du jour ; au commencement, au milieu, à la fin du chemin de la vie positive au cours des générations d'entre les espèces végétales et à perpétuité, jamais il n'y aura à changer rien. Mais il y aura à ajouter en faveur du nombre ; dans tous les temps, dans tous les lieux, il y aura à ajouter en faveur de la simultanéité et de la succession des représentants des espèces végétales cultivées.

Elles-mêmes, avec le don de l'intelligence et la faculté d'y mettre le mouvement, les plantes pourraient interpréter leur direction positive, et en temps, en saison, d'une façon entendue, la coordination dans la mesure du rayon de la terre et des développements de la sphère en la loi de l'harmonie positive, de manière à avoir par devers elle, en naissant à la vie, le cours des éventualités naturelles, et devant elles, successivement le développement, la multiplication, la

longévité, comptant un, suivant la proportion arithmétique, le terme final, la portée
positive et spontanée de l'ordre virtuel jusqu'à l'incorporation positive du pain du
développement, de la multiplication, de la
longévité, comme elle se produit de la naissance à la longévité, suivant la proportion
mathématique, dans la mesure de l'union
éventuelle du mouvement de la terre qui se
perpétue au jour de la lumière naturelle, et
du mouvement de la vie positive qui se perpétue par la génération.

— Qui veut les richesses à tirer du règne
animal ; qui veut la fin veut les moyens.

Au cours des éventualités annuelles, saisonnières, diurnes ; au commencement, au
milieu, à la fin du jour ; au commencement,
au milieu, à la fin du chemin de la vie relative au cours des générations d'entre les
espèces animales, il n'y a rien à changer.
Mais il y a à ajouter en faveur du nombre ;
il y a à ajouter en faveur de la simultanéité
et de la succession des représentants des

espèces domestiques, Dans tous les lieux, en tous les temps, il y aura à garantir la coordination des existences relatives et sensibles en leur direction relative, de telle manière que tous les jours elles naissent au sentiment des besoins de la vie en présence du pain du développement, de la multiplication, de la longévité. — Eux-mêmes, avec le don de l'intelligence et la faculté d'y mettre le mouvement, les êtres pourraient interpréter de tradition, comme d'instinct, leur direction relative ; et en temps, en saison, tous les jours, d'une façon entendue, la coordination dans la mesure du rayon de la terre et des développements de la sphère en la loi de l'harmonie positive, en même temps que la coordination relative des objets qui s'y rapportent comme l'attribut au sujet, comptant un, suivant la proportion arithmétique, le terme final, — la portée relative et instinctive de l'ordre virtuel jusqu'à l'incorporation relative du pain du développement, du pain de la multiplication, du pain de la longévité, .

comme elle se produit tous les jours de la naissance à la longévité, suivant la proportion mathématique, dans la mesure de l'union éventuelle du mouvement de la terre qui se perpétue au jour de la lumière naturelle et du mouvement de la vie relative qui se perpétue par la génération.

— Qui veut la science, l'art et la liberté ; la concorde, les bienfaits d'une paix cimentée par l'amitié ; qui veut la fin veut les moyens.

Au cours des éventualités annuelles, saisonnières, diurnes ; au commencement, au milieu, à la fin du jour ; au commencement, au milieu, à la fin de la sagesse, — il n'y a rien à changer. Mais dans tous les lieux, comme en tous les temps, il y a à ajouter en faveur de la simultanéité et de la succession des représentants de la tradition ; il y a à poursuivre, à étendre l'initiation au commencement de la sagesse, à répandre l'initiation à la science de la nature, et à la fin, à la raison efficace que donne la science même, — à la forme mathématique de la connaissance, de manière à démontrer par le précepte, et à la manière de la tradition, par l'exemple, le rapport du commencement et de la fin, le rapport de l'union de la science, de la nature et de l'art de la vie, avec la vie pratique et le progrès des arts et des sciences.

— Que le point de départ de l'initiation soit les existences, et parmi les existences, la connaissance de l'ordre virtuel que la nature propose au cours du chemin de la vie dans le flambeau transmis de génération en génération :

Que le point de départ de l'initiation soit l'ordre positif à la surface de la terre, la notion de l'unité, la connaissance du centre, du rayon et des développements de la sphère en la loi de l'harmonie positive :

Que le point de départ de l'initiation soit l'ordre universel : le centre de l'univers et la

mesure de la nature ; l'Unité suprême : centre
et rayonnement sans circonférence propre
dans les espaces de la sphère universelle, —
de toute manière il faut en venir à la connaissance certaine et véritable ; à la connaissance
des conditions des générations simultanées
et successives à la surface de la terre, suivant
la direction corrélative du rayonnement terrestre et du rayonnement universel.

—En dehors du certain et du vrai, il n'y a pas
d'initiation, et les élus de l'intelligence restent
dépossédés du patrimoine traditionnel dont
l'honnête homme n'a pas à se dessaisir, sans
montrer une lacune au lieu et place de la
chose la mieux partagée que l'on nomme le
bon sens.

Telle est l'opportunité de l'initiation qu'elle
est tous les jours de saison, pendant que les
exemples à suivre restent inaperçus au milieu
du discrédit des choses de la tradition. Ne
pas ajouter, quand il y a lieu, le précepte à
l'exemple de la tradition, c'est commettre une
omission aussi funeste aux existences, que

préjudiciable au mouvement qui définit la science, l'art et la liberté.

C'est pourquoi la théorie a sa place à côté de la pratique.

La place de la théorie est marquée dès les premiers essais dans les arts utiles, depuis Prométhée qui passe pour avoir dérobé le feu du ciel.

La détermination des termes du problème de la vie végétale ; la détermination des termes du problème de la vie animale ; la détermination des termes du problème de la vie sociale, voilà la tâche des théoriciens tracée naturellement depuis les débuts de la tradition.

Sans avoir la connaissance précise des termes du problème de la vie, la tradition a pu comprendre, interpréter le problème de la vie végétale, le problème de la vie animale : mais non toutefois, se garder de chercher au-delà le vrai savoir.

A défaut de la connaissance de la série des

termes du problème : comment s'arrêter à l'idée que la pratique fondée sur les données traditionnelles, que la théorie fondée sur les mathématiques universelles, se rapportent à tout le mouvement stable dans les règnes de la vie et dans les sociétés ; comment se convaincre que leur utilité, que leur portée ne peut se retrouver, d'aucune manière, avec les connaissances spéciales qui viennent se sur-ajouter.

Si l'on reste avec la tradition, privé de la connaissance précise des termes du problème social ou de la vie corrélative, et de ce qui en dérive : à savoir la notion du nombre et de la mesure de l'unité, qui est la mesure de tout le mouvement stable de la vie, dans la simultanéité et la succession des générations:

Comment avoir l'idée que le mouvement traditionnel en faveur des existences représente par lui-même la forme de la connaissance et la pratique fondée sur le vrai savoir ; comment en venir à cette conviction que la théorie fondée sur les mathématiques universelles vient tout après les arts utiles y compris l'agriculture, qu'elle vient combler une lacune qui pourrait indéfiniment subsister dans les choses de la connaissance et des sociétés, malgré les connaissances spéciales, malgré tous les progrès des sciences et des arts, malgré le complément qu'ils viendront successivement apporter à l'humaine existence.

La théorie a pu faire défaut sans que reste en suspens l'œuvre traditionnelle d'où viennent les richesses de la terre. Elle n'a plus à rester en arrière désormais. A elle d'intervenir pour ajouter le précepte à l'exemple du mouvement qui définit au profit des existences la science de la nature, l'art de la vie et la liberté.

En dehors de la voie de la coordination en leur direction, les plantes et les êtres sont dans l'impossibilité de vivre dans la mesure de l'union de la terre, du ciel, et des existences.

Il en est autrement parmi les humains. Le mouvement propre, les richesses multiplient, selon le nombre décadique et mathématique ; les difficultés augmentent en raison du nombré carré.

Dans les choses de la connaissance et dans les choses des sociétés, il y a : « l'unité et la dualité, le défini et l'indéfini, et, pour parler un langage plus métaphorique, le droit et l'oblique, le jour et les ténèbres. A l'unité et au défini correspond le bien ; à la dualité et à l'indéfini, le mal.

« C'est de l'unité que dérivent le nombre, la proportion de l'harmonie, et le bien n'est autre chose dans la nature que l'ordre. C'est de la dualité que vient la dispropor-tion, le manque de mesure et d'harmonie, et le mal n'est autre chose dans le monde que le désordre. Lors donc que l'unité l'em-porte, dans les êtres animés et intelligents, sur la pluralité, il y a bien, parce qu'il y a concert et accord entre les différentes parties de leur nature. C'est un mal, au contraire, que la pluralité et l'indéfini dominent. » (1).

Certaines choses du présent, et d'autres du passé, sont en réalité des accidents contraires au mouvement de la vie et au progrès des lumières. Les théoriciens ont à s'en détourner. La théorie n'a pas à sortir du cercle qui correspond invariablement à la naissance et à la longévité parmi les existences, à l'existence et à la longévité des sociétés.

De l'ensemble des choses : de l'ordre et de l'harmonie des choses du monde et des existences, la théorie tire l'universel, selon qu'il correspond, comme la cause à l'effet, au mouvement stable sous la forme de la vie, sous la forme de l'être, sous la forme de la connaissance, c'est-à-dire au mouvement qui ne peut s'établir autrement que *sub Jove* et *Sole*, ou au jour de la lumière naturelle.

On imagine facilement l'impossibilité de

____

(1) Denis. — Histoires et Théories des idées morales dans l'antiquité. 1er volume, préface. Citation tirée d'Aristote et rapportée aux pythagoriciens.

se reconnaître au milieu des choses de la vie
végétale, au milieu des choses de la vie animale, et aussi bien au milieu des choses de
l'existence humaine, d'une autre manière
qu'en observant les choses comme elles se
présentent au jour de la lumière naturelle,
et en faisant usage de la faculté représentative,
propre à l'intelligence, capable d'unir partout le
commencement, le milieu et la fin du chemin
de la vie, comme elle est capable d'unir
simultanément et successivement sur la surface entière de la terre, le commencement,
le milieu et la fin du jour.

De ce point : de l'universel, des mathématiques universelles, la théorie détermine,
proportion par proportion, les termes ou
conditions :

du mouvement de la terre qui se perpétue
au jour de la lumière naturelle ;

du mouvement de la vie positive qui se
perpétue par la génération ;

du mouvement de la vie relative qui, parmi

les existences sensibles, se perpétue par la génération ;

du mouvement de la vie corrélative qui, parmi les élus de l'intelligence, se perpétue par la tradition.

A l'analyse de la multiplicité des fonctions que l'imagination et la crédulité des hommes rapportent aux dieux de l'Olympe, la théorie substitue l'analyse des termes du problème de la vie qu'il s'agit d'étendre à la solution du problème social.

Ayant en vue d'ajouter le précepte à l'exemple de la tradition concernant le problème de la vie végétale, si la théorie fait la part des accidents et des éventualités naturelles sans rapport avec le mouvement de la vie, c'est pour les éliminer, c'est pour s'attacher à l'interprétation des conditions et éventualités capables d'unir dans la simultanéité et la succession des existences végétales, et par rapport au centre du mouvement de la vie positive, le commencement, le milieu et la fin du chemin de la vie, de la naissance et jusqu'à la longévité des plantes.

Ayant en vue d'ajouter le précepte à l'exemple de la tradition concernant le problème de la vie relative, si la théorie fait la part des accidents et des éventualités naturelles sans rapport avec le mouvement de la vie, c'est pour les éliminer, c'est pour s'attacher à l'interprétation des conditions et éventualités capables d'unir, tous les jours, dans la simultanéité et la succession des existences sensibles, et par rapport au centre du mouvement de la vie relative, le commencement, le milieu et la fin du chemin de la vie selon la naissance au sentiment des besoins de la vie jusqu'à la longévité des existences individuelles.

Ayant en vue d'ajouter le précepte à l'exemple de la tradition concernant le problème de l'existence humaine : avant que d'en venir aux mathématiques universelles sur ce point ; avant que d'initier les esprits à la science de la nature, telle qu'elle est à la portée de tous, dans le cercle défini des conditions qui s'imposent, se disposent, se proposent naturellement en la simultanéité et la succession des existences humaines, — la théorie élimine du problème social les accidents contraires, les éventualités et conditions étrangères au mouvement de la vie que la génération perpétue parmi les humains, et sans rapport, par le fait, avec le mouvement traditionnel en faveur de la destinée éventuelle des existences.

Pendant que de toutes les manières l'exemple de la tradition s'offre aux méditations des esprits attentifs aux existences et à la longévité des sociétés, la théorie permet de suivre le mouvement traditionnel uni, tous les jours et à tous les instants, aux existences par ce double lien, le lien de la connaissance, le lien proportionnel.

a. Toujours entreprendre dans la mesure de l'union éventuelle du mouvement stable de la terre, et du mouvement de la vie qui se perpétue par la génération;

b. Entrer dans le mouvement par la voie de la coordination suivant la proportion géométrique, en tenant compte des conditions de la naissance, du développement, de la multiplication, de la longévité, suivant la proportion décadique et mathématique ;

c. Ne point perdre de vue le nombre, à l'effet d'être présent selon l'opportunité pour coordonner suivant la proportion artihmétique ;

Dans ces trois points, la théorie de la tradition est toute entière.

En réalité, voici la foi, l'espérance, la perfectibilité de tradition ; et voilà l'infortune, le sort réservé à ses représentants: mieux vaut parler de l'œuvre profitable à l'existence humaine et aux autres existences.

Si toutes les carrières et tous les rangs méritent les égards des hommes, ceux qui pratiquent la foi de tradition, y ont surtout, il me semble, les droits les plus nombreux et les mieux fondés. D'abord, en la personne de

5

ses fidèles, dans toutes les conditions, de toutes les manières, hostiles à l'erreur, amis de l'ordre, de la mesure, de la loi de l'harmonie : la tradition sait voir tout à sa place, la direction positive et la première position dans la ligne du fil à plomb ; la direction relative et la deuxième position dans les lignes du fil à plomb et de l'équerre; la direction corrélative, comme elle-même s'établit en troisième position par rapport au nombre dans la mesure des existences; c'est ainsi, suivant le cours des générations que la tradition fait constamment œuvre en faveur du mouvement stable de la vie. De tous ceux qui sont unis dans la même foi, dans la foi de tradition, les plus illustres et les plus nombreux, les héros et les simples mortels, n'ont pas à dévier de leur direction, ayant devant eux la simultanéité, la succession, la perpétuité des choses du monde et des choses des existences.

De cette manière, il est impossible de n'en être pas à l'art de vivre, de bien vivre, de vivre longtemps. Il est impossible de n'aller point de progrès en progrès, dans la voie du perfectionnement. Non, il n'y a pas à ignorer ce qu'il en est des choses de la tradition. Il n'y a pas à ignorer ce qu'il en est de l'activité intelligente qui se détourne des accidents et des éventualités naturelles contraires au mouvement de la vie. Il n'y a pas à chercher ailleurs le courage qui fait entreprendre avec la certitude de réussir. Suivons ce qu'il en est de la foi dans la perpétuité de l'union de la terre, du ciel et des existences. Entreprendre c'est être sans crainte de se tromper et dans la certitude de réussir; c'est interpréter ce qu'il en est du nombre et de la destinée éventuelle des existences; c'est interpréter selon l'opportunité, le commencement du chemin de la vie suivant la proportion géométrique, le milieu suivant la série décadique, la fin suivant la proportion arithmétique, et c'est se représenter partout, c'est interpréter d'une façon entendue, le commencement, le milieu et la fin du chemin de la vie, et en même temps la naissance, le

développement la multiplication, la longévité suivant la proportion décadique et
mathématique.

A la foi, dis-je, en la perpétuité de l'union
de la terre, du ciel et des existences, il appartient de seconder le courage d'entreprendre
avec la certitude de réussir ; puis, hostile
à l'erreur, avec elle il n'y a pas à s'abuser ni à abuser les autres. D'ailleurs, dans la
foi de tradition ; où tout est conçu, réfléchi
comme les choses se produisent au jour de la
lumière naturelle, la question ne peut-être
de persuader, elle n'est jamais d'abuser, le
problème ne saurait être de tromper.

Avec elle, il faut s'unir par la pensée à la
vérité réellement à la portée de l'esprit humain, telle qu'elle est pour être à la connaissance de tous les esprits, comme elle conduit
les humains à s'aider les uns les autres à
charger leur fardeau, puisque les fidèles
capables de se reconnaître en la destinée
éventuelle des existences, capables d'entendre
la vérité qui leur parle, en viennent au com-

plément, qui par la voie naturelle de la coordination, qui par la voie de perfectionnement
correspond aux conditions que la nature
propose, impose, dispose, dans la mesure de,
l'union éventuelle du mouvement stable de
la terre, du mouvement stable de la vie que
perpétue la génération, du mouvement stable
que perpétue la tradition.

Que dirai-je encore, de l'effet continuel
de la foi dans la perpétuité des choses, et
dont peut être nous ne voyons pas toute
l'étendue? Initiés aux choses réelles du
monde et des existences, les humains
sont capables de se comprendre en parlant
la même langue; ils sont capables de se
comprendre et de s'entendre, vu que, d'une
façon certaine et véritable, il est à leur liberté
d'ajouter effectivement en faveur du mouvement stable, tel qu'il s'établit sous la forme
de l'être et sous la forme de la connaissance.

Ils sont capables de se comprendre et de
s'entendre, parce qu'ils s'affranchissent de
l'erreur, parce que les uns les autres enten-

dent la vérité concernant l'ordre virtuel des existences, concernant la coordination dans la mesure du rayon de la terre et des développements de la sphère en la loi de l'harmonie positive, et qu'elle se rapporte à la mesure de l'universelle harmonie, à la perpétuité du mouvement stable ; parce que les uns et les autres entendent la vérité concernant l'incorporation positive, concernant l'incorporation relative, concernant l'incorporation corrélative du pain du développement, du pain de la multiplication, du pain de la longévité, sachant que de toute manière, il s'agit de la puissance naturelle, et de s'aider les uns les autres à vaincre la résistance.

Avantage inappréciable pour tous, que, de tradition, la langue exprime la vérité, que le verbe se rapporte au sujet et au complément en faveur du mouvement de la vie qui se perpétue par la génération. En coordonnant les développements de la pensée par rapport au centre du mouvement de la vie, par rapport au sujet considéré dans les conditions que la nature propose, impose, dispose, — le verbe correspond de quelque manière au rapport défini naturellement, ou à définir en la mesure de l'unité. La parole étant l'expression de la vérité : la pensée et l'action sont la raison, le devoir, la justice, l'œuvre, la puissance de l'homme, manifestes au cours de l'interprétation entendue de la coordination simultanée et successive des existences.

Il y a d'ailleurs cette conséquence de l'Orientation de la langue et de l'activité intelligente par rapport au centre du mouvement des existences, qu'avec la foi de tradition, en se représentant les personnes et les choses suivant la perpétuité, — il est difficile de se reconnaître au milieu de la confusion, et même impossible de reconnaître la cause, les effets, les conditions en un mot, de l'impuissance, de la déraison, de l'imperfection, du faux, du mal, de l'injustice,... sans être initié préalablement à l'analyse proportionnelle, à la notion du nombre, au problème de la vie.

Qu'en résulte-t-il ?—Ce qui peut survenir, ce qui survient fatalement à titre d'accident, toutes les fois qu'on ne fait la part des choses des existences individuelles, la part des choses et des existenses dans la statique, la part des conditions du mouvement de la vie individuelle et générale telle qu'elle se perpétue par la génération.— Avec la pratique sans la théorie, à défaut de l'initiation à l'analyse proportionnelle par laquelle se découvre la série des termes ou conditions qui conduisent à la solution de tout problème de la vie, peut passer inaperçu le renversement de l'ordre et de l'harmonie dans le milieu des existences individuelles, dans le milieu social, — dans la famille, la cité, la république, les royaumes, partout où il n'y a pas un conseil qui ait pris à tâche, qui ait pour œuvre, de dire à l'occasion, selon l'opportunité, cela est arithmétique, ceci est géométrique, et voilà ce qui est mathématique.

Autrement, il est facile de l'emporter sur la foi transmise des ascendants aux descen-

dants. A défaut de l'initiation par le précepte
en même temps que par les exemples de
tradition, il n'y plus qu'à compter pour rien
les connaissances de tous les jours, la simultanéité, la succession des existences que
l'honnête homme est obligé de réfléchir à
tous les instants. Il n'y a plus qu'à symbo-
liser aux yeux des hommes la force brutale,
le courage discipliné et la sagesse : Mars
et Minerve feront oublier l'amitié, les bienfaits de la paix, même aux esprits attentifs
aux conditions de la perpétuité des choses
du monde et des existences. Que Vesta
préside au foyer domestique et à l'établis-
sement de la Cité ; ils n'auront plus à s'attacher à cette portion du domaine de la tradition. Si, pendant qu'elle protège l'agriculture, Cérés est la fondatrice des lois
dont Themis, qui siége à la droite de Jupiter, surveille l'exécution : n'a plus à compter sur le territoire à jamais sous sa garde, la
fille du ciel et de la terre, comme on peut
appeler la tradition, — qu'importe qu'elle

veille partout et en temps, aux rapports nécessaires qui dérivent de la nature des choses (1) dans la mesure de l'union éventuelle de la terre, du ciel et des existences.

Aveuglement funeste ! faut-il méconnaître la tradition. Faut-il que la crédulité vienne prendre la place de la foi fondée sur la certitude, sur la vérité, sur le mouvement qui définit au profit des existences, la science, l'art et la liberté. Faut-il mettre la crédulité à la place de la foi, l'ingratitude à la place du

(1) Dans les rapports nécessaires qui dérivent de la nature des choses, plusieurs fois cités, le lecteur reconnaîtra la définition de Montesquieu imprimée à la première page de l'esprit des lois. Les lois que Montesquieu définit, les rapports nécessaires..... sont, pour les premiers théoriciens, en l'ordre positif à la surface de la terre : *la loi de l'harmonie positive* ; en l'ordre positif comme en l'ordre universel, *la loi de l'harmonie corrélative*, condition du mouvement de la vie individuelle et générale ; et spécialement eu égard aux existences sensibles — les divers objets *en la loi de l'harmonie relative* au milieu du monde visible. — Tel est d'ailleurs, autant qu'il est possible d'en juger, le point de vue de Montesquieu, lorsqu'il écrit page 2 de l'esprit des lois. — « Dire qu'il n'y a de juste et d'injuste que ce qu'ordonnent et défendent les lois positives, autant dire qu'avant qu'il n'y eut de cercle tous les rayons n'étaient pas égaux » (*Note de l'auteur.*)

bienfait, admirer des conceptions imaginaires, par exemple Jupiter père des dieux et des hommes ; se complaire en ces fictions, qu'il fonde l'hospitalité, la bienfaisance, l'amitié, l'autorité paternelle, les serments et la justice, la vie et la mort, la destinée des hommes et des peuples : tout cela pour rester en l'inconscience de l'ordre du monde et des existences, établi sur les bases fondamentales de la proportion de l'harmonie, et qu'il procéde de l'intelligence créatrice au milieu de l'immensité de l'univers, souveraine devant l'infini de l'espace, du temps, des générations, seule capable d'avoir conçu l'unité suprême, l'ordre universel, la coordination des sphères dans la mesure de la nature, la coordination du nombre en l'unité et en l'ordre de l'unité : tout cela sans autre motif que de méconnaître la perpétuité de l'union de la terre, du ciel et des existencs, et en suivant, les conditions de la spontanéité de la vie, les conditions de la spontanéité instinctive des existences sensibles, les conditions de la liberté des activités intelligentes dans la voie du perfectionnement, tracée par la tradition.

Ah ! si ma foi n'était entière en l'ordre pré-établi, et dans les conditions qui s'imposent, se disposent, se proposent en la mesure de l'harmonie des sphères et des existences ; à l'exemple du patriarche en honneur parmi les Hébreux, — je voudrais conjurer Dieu de pardonner à Sodome en faveur des justes qui s'y trouvent. « Eh quoi ! lui disait-il, perdrez-vous l'innocent avec le coupable, vous qui êtes si bon et si équitable dans vos jugements — S'il y avait cinquante justes dans cette ville, ne lui pardonneriez-vous en leur faveur? Oui, lui dit le Seigneur, je pardonnerai à Sodome s'il se trouve cinquante justes dans son sein. Mais s'il n'y en avait que quarante? ajouta Abraham. Hé bien, lui dit Dieu, je pardonnerai en faveur des quarante. Seigneur, dit encore Abraham, ne vous irritez pas si j'ose vous conjurer de pardonner à cette ville quand il n'y aurait que trente justes. Je le veux bien, dit le Seigneur. Je ne suis que cendre et que poussière, repartit Abraham ; mais, mon Dieu puisque vous daignez m'écouter avec tant de bonté, j'oserai encore vous demander de pardonner pour vingt justes, mêmes pour dix, s'il s'en trouve autant dans cette ville. Je le veux bien dit encore le Seigneur, je lui pardonnerai s'il s'y trouve dix justes. Mais cette ville abominable n'avait pas dix justes dans son sein.........

......La femme de Lot qui oublie...... pour tomber dans une curiosité punie à l'heure même, n'est-elle la tradition changée en statue lorsqu'elle se trouve entraînée dans le mouvement communiqué, aussi étranger au mouvement de la vie qui se perpétue par la génération qu'au mouvement que la tradition elle-même développe multiplie, perpétue.

A mon tour, patriarche par les ans, je veux dire : merci, mon Dieu, de m'avoir fait naître homme, et d'avoir permis que j'apporte ma pierre à l'édifice de la foi traditionnelle ; merci, mon Dieu, de ma nature humaine capable de réfléchir l'idée créatrice et la création ; l'ordre et l'harmonie du monde, la coordination des existences en l'ordre et la mesure, entrant dans le nombre comme les notes musicales en la loi de l'harmonie ; la vérité dans le rapport qu'elle a avec la puissance naturelle au cours des générations, et avec la liberté au cours de l'œuvre perfectible en faveur des existences. Ah ! s'il m'est donné d'avoir vécu des siècles en quelques instants de la vie de la pensée, c'est que l'erreur, les préjugés, le faux, toutes les fictions héroïques, démoniques, olympiques, n'ont ni empire, ni prise, quand fondée sur le certain, fortifiée par la connaissance mathématique, la place de l'esprit est défendue par la liberté.

ERRATA.

Page 6 — ligne 18. — *Au lieu de :* et des choses
existantes, *lisez :* et des choses des
existences.

— 28 — ligne 8. — *Au lieu de :* l'art de la vie
et de la liberté, *lisez :* l'art de la vie
et la liberté.

— 34 — ligne 11. — *Au lieu de :* qui se perpétue sous les formes de la vie : sous la
forme de l'être..., *lisez :* qui se perpétue sous la forme de la vie, sous
la forme de l'être.....

— 39 — ligne 13. — *Au lieu de :* l'homme naît
libre, *lisez :* l'homme est créé libre ;
l'homme est libre (comme il est écrit
dans le texte cité).

— 41 — ligne 5. — *Au lieu de :* au jour, la lumière naturelle, l'unité coordonnée,
lisez : au jour de la lumière naturelle :
l'unité coordonnée en l'ordre de l'u-
nité.

— 44 — ligne 20. — *Au lieu de :* et les nombres
à définir, *lisez :* le nombre à définir
successivement.....

— 46 — ligne 2. — même errata.

— 48 — ligne 19. — même errata.

— 46 — ligne 16. *Au lieu de :* suivant la proportion décadique, mathématique,
lisez : suivant la proportion décadique
et mathémathique.

— 49 — ligne 5. — *Au lieu de :* sur la lettre de
contrat, *lisez :* sur la lettre de con-
trats...

— 49 — ligne 8. — *Au lieu de :* dans les mesures
du rayon de la terre, *lisez :* dans la
mesure du rayon de la terre.

Orléans, imp. Colard, rue Croix-de-Lois, 21.

Faut-il étendre la destinée humaine
à tout le mouvement en faveur des existences
à la pratique et à la théorie
aux exemples et aux préceptes
de *tradition?*

9 782019 706142